GÜTERSLOHER
VERLAGSHAUS

Gütersloher Verlagshaus. Dem Leben vertrauen

Rainer Hagencord

Die Würde der Tiere

Eine religiöse Wertschätzung

Mit einem Vorwort von Jane Goodall

Gütersloher Verlagshaus

Bibliografische Information der Deutschen Nationalbibliothek

Die Deutsche Nationalbibliothek verzeichnet diese Publikation
in der Deutschen Nationalbibliografie; detaillierte bibliografische
Daten sind im Internet über http://dnb.d-nb.de abrufbar.

Verlagsgruppe Random House FSC-DEU-0100
Das für dieses Buch verwendete FSC®-zertifizierte Papier
Munken Premium Cream liefert Arctic Paper Munkedals AB, Schweden.

1. Auflage
Copyright © 2011 by Gütersloher Verlagshaus, Gütersloh,
in der Verlagsgruppe Random House GmbH, München

Coverfoto: © Fotolia / Eric Isselée
Satz: Satz!zeichen, Landesbergen
Druck und Einband: CPI – Ebner & Spiegel, Ulm
Printed in Germany
ISBN 978-3-579-06564-9

www.gtvh.de

Inhalt

III. Von der Wertschätzung der biblischen Mythen für die Tiere 83

the Jane Goodall Institute

Endorsement for *The Dignity of Animals:
A Religious Appreciation*

Rainer Hagencord has written a book that could have profound in-
fluence on Christian attitudes towards animals, and which will be
thought provoking and stimulating to all readers, whatever their be-
liefs. *The Dignity of Animals* is a fascinating discussion of human
animal relations from a historical and contemporary perspective, and
it is a compelling argument for establishing – or rather re-establi-
shing – the close bonds with animals that is so essential for our phy-
sical and metal well being. The animals of our planet are in desperate
need of help as we subject them to intolerable abuse and continue to
destroy and pollute the environment. And we ourselves are increa-
singly suffering. We need a connection with animals and the natural
world for our spiritual development. On behalf of the animals, I would
like to thank Rainer for writing this book, and I urge everyone who
cares about the future of our species to read it.

Jane Goodall, PhD, DBE
Founder – the Jane Goodall Institute &
UN Messenger of Peace
www.janegoodall.org

Rainer Hagencord hat ein Buch geschrieben, das einen profunden Einfluss auf die christliche Einstellung gegenüber Tieren haben könnte. Es liefert wertvolle Denkanstöße und regt die Leser an, unabhängig von ihrem Glauben. *Die Würde der Tiere* ist eine faszinierende Diskussion der Mensch-Tier-Beziehungen aus historischer und aktueller Perspektive, und es ist ein zwingendes Argument für die Etablierung – oder vielmehr Re-Etablierung – enger Bindungen mit den Tieren, die so essentiell sind für unser physisches und mentales Wohlbefinden. Die Tiere auf unserem Planeten brauchen verzweifelt Hilfe, da wir sie unerträglichen Misshandlungen aussetzen und stetig die Umwelt zerstören und verschmutzen. Auch wir selbst leiden zunehmend. Wir brauchen eine Verbindung mit den Tieren und der Welt der Natur für unsere spirituelle Entwicklung. Im Namen der Tiere möchte ich Rainer dafür danken, dass er dieses Buch geschrieben hat, und ich bitte eindringlich jeden, der sich für die Zukunft unserer Spezies interessiert, es zu lesen.

»Ich verstand, dass ich bis zu dem Moment, da ich die Sixtinische Madonna sah, das in seiner Stärke ungeheuerliche Wort ›Unsterblichkeit‹ leichtfertig verwendet, das mächtige Leben einiger besonders großer menschlicher Werke mit Unsterblichkeit verwechselt hatte. Und voller Hochachtung für Rembrandt, Beethoven, Tolstoi verstand ich, dass von allem, was mit Pinsel, dem Meißel, der Feder geschaffen worden war und mein Herz, meinen Verstand erschüttert hatte – allein dieses Gemälde von Raffael nicht sterben würde, solange die Menschen leben. Aber es kann auch sein, dass, wenn die Menschen einmal aussterben, dann andere Lebewesen, die an ihrer statt auf Erden bleiben – Wölfe, Ratten und Bären, Schwalben – angelaufen und angeflogen kommen und sich die Madonna ansehen werden ... Dieses Gemälde haben zwölf Generationen von Menschen gesehen – ein Fünftel des Menschengeschlechts, das von Anbeginn der Zeitrechnung bis in unsere Tage auf Erden gelebt hat.

Ich sah eine junge Mutter, die ein Kind auf dem Arm hält. Wie lässt sich der Zauber eines zarten, schmächtigen Apfelbaums beschreiben, der den ersten schweren, weißhäutigen Apfel hervorgebracht hat; des jungen Vogels, der die ersten Nestlinge ausgebrütet hat; der jungen Rehmutter ...; die Mutterschaft eines Mädchens, das fast noch ein Kind ist? Bisweilen scheint mir, dass die Madonna nicht nur das Menschliche zum Ausdruck bringt, sondern etwas, was in allen Bereichen des irdischen Lebens existiert, in der Welt der Tiere, überall, wo man in den brauen Augen einer säugenden Stute, einer Kuh, einer Hündin das göttliche Abbild der Madonna erahnen und erblicken kann. Die Madonna mit dem Kind auf dem Arm steht für das Menschliche am Menschen, darin liegt ihre Unsterblichkeit.«

(aus: Wassili Grossman, Tiergarten[1])

---

1. Wassili Grossman: Tiergarten. Berlin 2009, S. 119f.

Einleitung

Nicht nur Kinder stellen diese Frage: »Kommen Tiere in den Himmel?« Auch Erwachsene lässt der Tod ihres Hundes oder ihrer Katze oftmals nicht kalt, und die Sehnsucht, dass auch deren Leben nicht ins Nichts fällt, kann groß sein, ebenso wie der Schmerz. Die vielleicht etwas flapsige Rückfrage »Wohin denn sonst?« entbehrt nicht einer Logik und kann in einen Trost führen, der sich einem fundierten theologischen Nachdenken verdankt. Denn wenn man den Grundaussagen der Heiligen Schrift vertraut, wonach Gott Liebhaber des Lebens ist, zeichnen sich die Konturen einer Religiosität und Theologie ab, die eine neue Wertschätzung der Schöpfung als Ganzes formuliert. Die nicht-menschliche Natur ist dann mehr als prachtvolle Kulisse, vor der sich das menschliche Leben abspielt, und die Tiere verkommen nicht zu letztlich verzichtbaren Statisten auf der großen Bühne des Lebens. Die Theologie sieht den Menschen dann wieder als Mit-Geschöpf.

Je intensiver ich mich mit einer religiösen und theologischen Würdigung der Tiere beschäftige, umso klarer wird mir die existenzielle Bedeutung dieses Projektes. Sehr schnell kommt dann auch mein Ringen um Wahrhaftigkeit, einen angemessenen Glauben und eine stimmige Lebenspraxis ins Spiel. Denn diese Suchbewegung, die mein Leben ausmacht, erscheint in neuem Licht, wenn ich sie mit der Frage nach den Tieren und dem Tierisch-tierlichen in mir noch einmal anschaue: Mit den leibhaftigen Mitgeschöpfen bin ich unmittelbar im lockenden und zugleich abgründigen Terrain dessen, was wir oftmals mit Abscheu das Animalische nennen und was doch auch mein Menschsein ausmacht. Und dies hat im Rückblick auf mein Leben fast nie die Wertschätzung erfahren, die ihm Wassili Grossman in der fast unauslotbaren Betrachtung der Sixtinischen Madonna von 1955 zuspricht.

Das Revue-Passieren-Lassen meiner Kindheit und Jugend hat für mich notgedrungen und glücklicherweise auch therapeutische Dimensionen, tief führt es mich in mein Innerstes. Der Anfang des Buches ist daher ein biografischer. Auf einem solchen Gang durch Kindheit und Jugend, Erwachsenwerden und die Berufsfindung möchte ich Leserinnen und Leser mitnehmen: dass auch Sie die Tiere am eigenen Weg und im Innersten intensiver wahrnehmen mögen. Dieser Blick ist nicht nur idyllisch und wohltuend, mich führt er auch in die einsamen Stunden des kleinen Jungen und in Phasen der Orientierungslosigkeit und Verzweiflung des jungen Mannes. Und es gibt immer noch Schmerz und Wut. Die Frage »Was wäre gewesen, wenn?« verstummt nicht: Was, wenn mein Ringen um reifes Mensch-Sein aufmerksame Begleitung erfahren hätte? Was, wenn meine existenziellen Naturerfahrungen in eine theologische Vertiefung aufgenommen worden wären und somit auch der Wert der Tiere? Was, wenn in meiner Priesterausbildung doch mehr die Tiefendimensionen des eigenen Werdens und Suchens, der Wert der Leiblichkeit und der inneren Welten zutage gefördert worden wären? Heute bin ich davon überzeugt, dass Lehrerinnen und Lehrer, die Verantwortlichen in der Priesterausbildung nach bestem Wissen und Gewissen gehandelt haben, vorsätzlich hat niemand agiert. Dennoch komme ich nicht umhin, ein System von Pädagogik und Kirchlichkeit zu beschreiben, das meiner Meinung nach eine enorme und weit reichende Schieflage aufzeigt.

Thomas von Aquin hat wahrscheinlich Recht, wenn er sagt: »Jeder Irrtum über die Geschöpfe mündet in ein falsches Wissen über den Schöpfer und führt den Geist des Menschen von Gott fort.«[2] Die Theologie und mehr noch die Kirche haben die Tiere mehr und mehr vergessen. Damit schieben sie unsere Mitgeschöpfe in die Bedeutungslosigkeit. Und irren gewaltig über sie! Denn das gesamte biblische Nach-Denken über den Menschen und sein Gottesverhältnis kommt an keiner Stelle an ihnen vorbei. In der jüdisch-christlichen Tradition sind auch sie die Gesegneten, die Bündnispartner, die Lehrerinnen und Lehrer des Menschen und treue Gefährten. Auch eine letzte Gerechtigkeit, einen Himmel, wird es nur mit ihnen geben, nicht ohne sie.

Die Tiere auszublenden führt dazu, dass das »Wissen über den Schöpfer« in Halbwahrheiten abzustürzen droht. Die Rede vom Menschen in der Ignorierung des Animalischen kann sogar in Menschen-Verachtung kippen. Wird die Schöpfung nicht mehr als Ort der Gotteserfahrung wertgeschätzt, ein Gott, der »alles in allem« ist, auf die

---

2. Thomas von Aquin: Summa contra gentiles II, c3. In: Lüke, U.: Mensch – Natur – Gott: Naturwissenschaftliche Beiträge und theologische Erträge. Münster 2002, S. 156.

Vernunft reduziert und schließlich den Tieren auch noch die Seele abgesprochen, wendet sich der »Geist des Menschen« zwangsläufig mehr und mehr von Gott, dem »Liebhaber des Lebens«, ab.

Vor meinem geistigen Auge erscheint das Bild eines lebendigen Organismus mit zwei Lungenflügeln, die er braucht, um zu existieren: den einen nenne ich die Vernunft, den anderen die Natur. Dass ich nachdenken muss über das, was ich Gott nenne, ist das eine Atmungsorgan, das mich lebendig hält. Dass ich Erfahrungen machen muss, um den Gesamtkörper am Leben zu halten, ist das andere. Mitgeschöpf bin ich und geliebt dazu – dies gilt es zu erfahren und nicht ausschließlich zu reflektieren. Dazu braucht es Orte, Zeiten und Rituale. Als sei dieser Lungenflügel schon lange nicht mehr durchblutet, so erscheinen mir die Kirche und stellenweise auch die Theologie, wenn ich sie als diesen Organismus betrachte.

I. Einführung

1. Eine Kindheit mit Tieren

Mein erster Molch! Ich werde ihn nie vergessen. Wieder einmal war ich in meinem Lieblingswald unterwegs und landete an einem kleinen Teich. Erwartet hatte ich, dass ich wie schon so oft die eine oder andere Kaulquappe finden würde, eine bizarre Köcherfliegenlarve oder ein bescheiden schillernder Stichling. Aber dann war da plötzlich dieses wurmartige, längliche Tier in meinem Kescher, das in seinem fast verzweifelten Kampf immer wieder seine faszinierende orange-farbene Unterseite zeigte. Solch ein Geschöpf kannte ich bisher nur aus meinem Biologiebuch. Natürlich nahm ich den kleinen Kerl mit, zeigte ihn voller Stolz allen zuhause, ob sie ihn sehen wollten oder nicht, und er gesellte sich in meinem kleinen Terrarium zu den anderen Bewohnern von Bach und Teich. Damals war ich zehn oder elf Jahre alt. Die Streifzüge durch meine münsterländische Heimat gehörten genauso in diese Jahre wie die Zoobesuche mit meinem Vater, das Versorgen »meiner kleinen Farm«, dazu das Füttern der Kaninchen und das Ausmisten ihrer Ställe. Doch auch die Tage sind sehr präsent, an denen Vater schlachtete. Sentimental war die Tierliebe eben nicht.

Meine Kindheit ist ohne die Tiere nicht vorstellbar. Da kommen mir diejenigen draußen in der Natur in den Sinn, über die ich mich freute, wenn sie sich in Feld, Wald und Flur zeigten. Und die anderen zuhause, die mir ans Herz gewachsen waren: unser leider erblindeter Dackel »Strolchi«, der behäbige Schildkröten-Herr »Sir Harry«, für dessen Erwachen nach dem Winterschlaf ich den ganzen Winter über betete, und »Jackie«, der grün-gelbe Wellensittich, der in seinem kleinen Käfig wahrscheinlich die Fähigkeit zu fliegen verloren hatte. Nicht zu vergessen schließlich das amphibische Getier, das Frühjahr um Frühjahr meine kleinen Terrarien bevölkerte, um später wieder als kleiner Frosch in die Teiche und Bäche oder als erdige Kröte in die Wiesen entlassen zu werden.

Später dann kamen die Exoten: Rotkehlanolis, japanische Feuerbauchmolche und Baleareneidechsen. Es war wie eine Reise in deren ferne Heimatländer, wenn ich mich hinsetzte und in die Bestimmungsliteratur vertiefte, dann ein neues Domizil hinter Glas und Fliegendraht für sie einrichtete, Steine und besondere Rindenstücke aus dem Wald holte und Bromelien, Kakteen und ab und an auch eine Orchidee kaufte.

Weder waren die Wälder, Tümpel und Bäche eine Kulisse für mich, vor der sich das eigentliche Leben abspielte, noch waren die Haustiere Spielzeuge wie LEGO und Märklin. Sondern die Natur, die mir zu allen Jahreszeiten vertraut und lieb war, erwies sich als Heimat. Die Erfahrung, dass ich ein lebendiger Teil von ihr bin, wurde in diesen Jahren begründet, wuchs zu einem tiefen unbewussten Wissen. Teilen konnte ich dies mit den Kindern aus der Nachbarschaft, meinem besten Freund und meiner Lieblingscousine. Und jedes Reh, das sich überraschend zeigte und all die Würmer, Schnecken und Libellenlarven aus dem kleinen Teich im benachbarten Wald waren Offenbarungen für mich.

Nachgedacht habe ich nicht darüber, und es wäre falsch, hier eine kindliche Idylle zu vermuten; zu oft hatte ich Angst vor dem dunklen Kiefernwald, holte mir blutige Knie beim Sturz aus dem alten Birnbaum oder steif gefrorene Finger beim Bau eines Staudammes im Bach in einem frühen sonnigen Februar. Sie waren einfach verlässliche und selbstverständliche Begleiter: die Zaunkönige, Feldhasen und Erdkröten. Und dass mich Strolchi, Jackie und Sir Harry verstanden und um mich wussten, war selbstverständlich für mich. Es war wohl der Ausdruck in ihren Augen, der mir zeigte, dass ich verstanden wurde. Eine geheime Kommunikation jenseits aller Worte verband mich mit ihnen. Diese Gefährten waren mir ebenso vertraut wie fast unheimlich fremd. Ein Blick aus den Augen des im April erwachten Schildkröten-Herrn lockte mich in eine längst vergangene Wirklichkeit dieses lebenden Fossils. Als Strolchi noch sehen konnte, lachten seine Augen mich jeden Mittag an, wenn ich aus der Schule kam; und das mit einer Freude und Leidenschaft, als sähe er mich nach monatelanger Abwesenheit endlich wieder.

Sie alle waren selbstverständlicher Teil der Familie und bildeten mein Zuhause ebenso wie meine Eltern, mein Bruder, die Verwandten und Freunde. Nicht wegzudenken sind auch die Stunden in der

Kirche und Gemeinde, mein Messdienerleben, die Jugendarbeit und die Seelsorger: mein lieber Heimatpfarrer, der mich seit meiner Grundschulzeit kennt und bis heute begleitet, und der Kaplan, der Biologie studiert hatte, bevor er Priester wurde. Wenn ich beide Erfahrungsbereiche zusammenlege, geht mir heute auf, dass ein Fundament wuchs, das mich trägt: der Glaube an einen Gott, der in eine verlässliche menschliche Gemeinschaft und zugleich einen vertrauensvollen Umgang mit der Natur führt. Heute weiß ich, dass ich neben lieben Menschen und der Gemeinschaft der Kirche auch ihnen, den Tieren, mein Leben verdanke. Denn sie waren wie ein Spiegel für mich. In ihnen sah und erlebte ich etwas, das auch ich selbst war. Dies war eher eine Ahnung als etwas klar Gewusstes. Wenn ich mich ihnen näherte, sie berührte und mit ihnen sprach, war ich auch im Kontakt mit meinen inneren Welten. Und diese konnten sich entwickeln, entfalten und immer neu entstehen. Verantwortung für den Hund und die Schildkröte zu übernehmen bedeutete auch, dass etwas Dackelhaftes und Reptilienhaftes in mir Lebensrecht hatte, mich ebenso ausmachte wie das Flatterhafte des Wellensittichs. Ein ganzer Kosmos stellte sich mir zur Verfügung, um darin Mensch zu werden. Eine fast unendliche Fülle von Formen, Farben und Lauten rief nach Identifikation und Abgrenzung. Und sie alle bestanden aus Fleisch und Blut, waren warm oder kalt, suchten Nähe oder entzogen sich. Es handelte sich eben nicht um Geschöpfe aus der virtuellen Welt, obwohl mich damals auch die Hobbits, Elben und Zwerge aus dem »Herrn der Ringe« in ihren Bann zogen. Mitgeschöpf bin ich, lebendiges Kind dieser Erde, diese Erkenntnis wuchs in mir und dass ich das Leben lernen kann von den anderen um mich herum: Dass ich mein Mensch- und Mannsein nicht jenseits und in der Abwendung von den Tieren entwickle und entfalte, sondern dass ich in einer immer tiefer werdenden Kenntnis dieser Spielarten des Lebendigen meine unverwechselbare Gestalt finden kann. Dass ich das nämlich auch bin: kleiner Dackel, wechselwarme Schildkröte und farbenprächtiges Rotkehlanolis-Männchen. Ich bin Mensch, weil das Devote und Treue mich ebenso ausmachen wie das Kaltblütige, nach Sonne und Wärme Lechzende. Und dass ich gern so schillernd wäre und meine Farben wechseln könnte wie die flinke amerikanische Eidechse.

Allerdings war dies nicht nur spielerisch und erfüllend; denn spätestens in den Jahren der Pubertät zeigte sich die ganze Ambivalenz der Sexualität. Ausgeliefert fühlte ich mich dieser neuen Erfahrung, manchmal auch beglückt und stolz: das Kindsein hinter mir lassen, den eigenen Leib ganz neu erfahren. Neue Stimme, neue Haare, mehr Kraft und nächtliche Fantasien, die mich in völlig andere Welten des Begehrens, der Lust und auch der Aggression führten. Räume zu finden und Menschen, um das Lockende und Bedrängende zu besprechen, war allerdings alles andere als selbstverständlich; für mich war es unmöglich. Allein stand ich da mit den Fragen, wie Erwachsensein geht, wie ich gemeint bin. Allein mit dem Gefühl, nicht attraktiv genug zu sein und wahrscheinlich niemanden zu finden, um mit Haut und Haaren zu lieben und geliebt zu werden. Wie gern hätte ich meinen Leib verlassen, mir einen anderen gesucht. Ein Leben ohne dieses Ringen und Suchen, ohne die Not und die Gewissensbisse, das habe ich ersehnt.

2. Studium und Ausbildung ohne jegliches Getier

Ein Terrarium wollte ich damals mitnehmen ins Collegium Borromäum, als ich 19 Jahre alt war und dort einzog, um Priester zu werden. Ich habe es dann doch nicht getan. Die Tiere traten in dieser neuen Phase meines Lebens in den Hintergrund. Sie und die Natur wurden mehr und mehr zur Kulisse, waren nicht mehr Betrachtungsgegenstand, von dem her der Glaube an einen allmächtigen und liebenden Schöpfergott plausibel schien. Die Mitgeschöpfe und ihre Welt zu erfahren und am eigenen Leib zu erspüren, stand nicht auf der Tagesordnung.

Heute frage ich mich, ob die Ausbildung nicht zu einseitig war, ob sie nicht zu sehr darauf abhob, in eine andere Wirklichkeit geführt zu werden wie in ein Aquarium. Es kommt mir fast so vor, als würde man junge Männer ganz langsam von der natürlichen Lungenatmung zur Kiemenatmung umziehen, damit sie in einem Paralleluniversum sesshaft werden. Eine außerordentliche Lebensweise, das fordernde Studium, eine feste kirchliche Ordnung und das Erlernen einer anderen, klerikalen Sprache führen dazu, immer mehr in jener anderen Welt heimisch zu werden, die die Kirche ist. Verlockend war das für mich; denn dort erst einmal angekommen – spätestens nach der Priesterweihe – würden die Ganzhingabe an Christus, die totale Verfügbarkeit für die Gemeinde und die »Gnade der Berufung« schon dazu führen, dass sich die innere Welt beruhigt, alles Animalische beherrschbar und nicht mehr lebensbestimmend und bedrohlich sein wird.

Wie faszinierend das war! Ein immer intensiverer Blick durch die Scheiben in das Aquarium einer klerikalen Welt, bestehend aus schillernden liturgischen Farben und besonderem Gehabe, eigenen Spielregeln für den Tages-, Wochen- und Jahresverlauf. Und manchmal sehr bewegend und existenziell berührend klang das, was da im Bassin in den aufsteigenden Blasen zu hören war – wenn man mehr und mehr eintauchte: Von verwandelter und erlöster Existenz in Christus war da die Rede und von einem gelungenen Leben aus dem Geheimnis der Eucharistie, von Brüderlichkeit im Klerus und nie enttäuschender Mütterlichkeit der Kirche. Und die Schöpfung, die eigene Geschöpflichkeit und die Tiere, kamen sie vor? In der systematischen

Theologie wurde die Schöpfung behandelt, allerdings nur als ein Traktat neben anderen, wichtigeren Themen. Bei Wallfahrten wurde sie gepriesen als Ort der Stille und Ruhe.

Die eigene Leiblichkeit wurde als bekannt vorausgesetzt, ebenso die Auseinandersetzung mit der eigenen Lebensgeschichte, das Ringen um das Mannsein, die Ablösung aus dem Elternhaus; offizielles Thema waren diese Lebensbereiche nie, nur als Hintergrundgeschichten für das Eigentliche, nämlich die Berufung für das Priesteramt. Mit der Sexualität beschäftigten wir uns im Rahmen der so genannten »Zöli-Woche« nach dem zweiten Semester an genau zwei Nachmittagen. Dort fielen tatsächlich Begriffe wie Selbstbefriedigung und Geschlechtsverkehr. Ich weiß noch, wie froh ich war, dass es zu keiner Vertiefung oder gar Konfrontation kam und das Thema bald als abgearbeitet galt auf dem Weg in die andere, von der Gnade durchwalteten Welt jenseits der Scheibe des Aquariums.

Von den Tieren wurde nur geschwiegen. Von dem einen oder anderen Haushund wurde erzählt, manchmal berichtete ich noch von meinem etwas exzentrischen Hobby der Terraristik, aber mehr und mehr, fast geräuschlos verschwanden sie aus meinem Leben. Mehr unbewusst als bewusst setzte sich die Entscheidung durch, dass die Mitgeschöpfe in eine Welt gehören, die ich hinter mir lassen würde.

3. Neue Biotope

Nach der Priesterweihe und vier ungemein bewegenden, alle Kräfte zehrenden und letztlich glücklosen Jahren in der Gemeindeseelsorge fühlte ich mich wie ein Fisch auf dem Trockenen. Die Umwandlung war nicht gelungen, Kiemenatmung funktionierte nicht, und der Teichmolch meiner Kindheitstage erschien mir fast brüderlich. Denn auch der brauchte alles: Wasser, Erde und Luft zum Atmen.

Die Not war groß; Abstand vom Bisherigen und ein Neubeginn waren notwendig. In meinem Bischof Reinhard Lettmann fand ich einen verständnisvollen väterlichen Zuhörer, der mich in meiner Entscheidung ermutigte, das Studium der Biologie und Philosophie aufzunehmen, später dann auch das Projekt einer Promotion. Hier liegen die Anfänge des für mich lebensbestimmenden Projektes einer theologischen Zoologie (vgl. www.theologische-zoologie.de).

4. Zum Aufbau des Buches

Die gesamte Brisanz des Themas finde ich in einem Zitat, das dem Literaturnobelpreisträger Elias Canetti zugeschrieben wird: »Mit zunehmender Erkenntnis werden die Tiere den Menschen immer näher sein. Wenn sie dann wieder so nahe sind wie in den ältesten Mythen, wird es kaum mehr Tiere geben.« In diesem Wort verdichtet sich mein eigener Erkenntnisweg. Es soll Leitfaden dieses Buches sein.

Das erste Kapitel widmet sich den zunehmenden Erkenntnissen: Die Evolution zeigt den Menschen als Werdenden und nicht als vom Himmel gefallenes Geschöpf. Die moderne Verhaltensbiologie gibt immer mehr Charles Darwin recht, wonach die Unterschiede zwischen Mensch und Tier im Blick auf Denkleistungen, innere Gefühlswelt und Selbstbewusstsein fließend und nicht grundsätzlicher Art sind. Nicht zuletzt dokumentieren eindrucksvolle Biografien von Menschen im Bereich tiergestützter Therapie und Pädagogik die zutiefst heilsame Nähe von Tier und Mensch.

Im zweiten Kapitel folgt eine Relektüre der ältesten Mythen. Noch gehören sie in das Grundrepertoire einer Gesellschaft, die sich der jüdisch-christlichen Tradition verpflichtet weiß: die biblischen Geschichten vom Garten Eden, von Adam und Eva, Schlange und Baum, vom Sieben-Tage-Werk, in dem der Sabbat die Krone der Schöpfung darstellt und nicht der Mensch, und nicht zuletzt von Noahs Arche, Gottes Bund mit Mensch und Tier unter dem schillernden Regenbogen. Sie alle zeugen von der untrennbaren Verwandtschaft alles Lebendigen und ihrer Schicksalsgemeinschaft.

Ausgehend von der Tatsache, dass der Wert und die Würde des Tieres im vermeintlich christlichen Abendland längst in Vergessenheit geraten sind, kommen im dritten Kapitel ausführlich drei Denker der europäischen Geistesgeschichte zur Sprache, unter deren Einfluss die westliche Philosophie- und Theologiegeschichte vermutlich nicht zu einer Entfremdung des Menschen von den Tieren und der Umwelt geführt hätte. Diese Gedanken sollen den heutigen Lesern Hoffnung machen und dazu anregen, über ihr eigenes Verhältnis zu den Tieren nachzudenken.

Spätestens in der Neuzeit nämlich mutierte der Mensch zu einem »Interplanetarischen Eroberer« (Meyer-Abich), für den die Natur pure

Ressource wurde, und die Tiere degradierte man mehr und mehr zu »seelenlosen Automaten« (Descartes). Heute werden sie in die Fleischfabriken verdrängt, werden dort verarbeitet und geraten mehr und mehr in Vergessenheit. Diese »Anthropologie mit dem Rücken zum Tier« bereitete den Industrienationen den Weg in eine dreifache Verantwortungslosigkeit; denn den Preis unseres Wohlstands zahlen die so genannte Dritte Welt, unsere Nachwelt und die natürliche Mitwelt. Wenn der Raubbau fortschreitet, wird es sie bald nicht mehr geben: die atemberaubende Vielfalt in den Ökosystemen dieser Welt. Und eine Gesellschaft, die sich von den Lobbys der Pharma-, Unterhaltungs- und Lebensmittelindustrie regieren lässt, hat längst Hühner, Puten, Schweine und Rinder zu Rohlingen der Fleisch-, Eier- und Milchindustrie entwürdigt.

Zusammenfassend will eine theologische Zoologie und so auch dieses Buch an die ursprüngliche Zusammengehörigkeit von Mensch, Tier und Gott erinnern. Sie zieht dazu die Erkenntnisse der Naturwissenschaften ebenso zu Rate wie die Ergebnisse einer wissenschaftlich fundierten Sicht in die biblischen Traditionen. Eine in der Weise formulierte Würdigung der Tiere kann einen profunden Beitrag leisten, um einen Bewusstseinswandel herbeizuführen und so der ökologischen Katastrophe zu begegnen. Sie möchte zudem, in Erinnerung an fast vergessene Gedanken aus Theologie, Philosophie und Dichtung, verschüttete Hoffnungspotentiale wachrufen.

II. Mit zunehmender Erkenntnis werden die Tiere den Menschen immer näher sein ...

Sehr schnell spielten Meerschweinchen eine große Rolle im Leben des Biologiestudenten. Und etwas später dann eine der bedeutendsten Frauen der Gegenwart, nämlich Jane Goodall. Die Arbeiten der Verhaltens- und Evolutionsbiologie, auf die ich mich in den Jahren bis zum Staatsexamen einlassen durfte, haben mein theologisches Denken grundsätzlich verändert. Und dass die wissenschaftlich fundierte Tiergestützte Pädagogik und Therapie die Erkenntnisse über unsere unleugbare Verwandtschaft mit den Mitgeschöpfen unmittelbar erfahrbar machen, haben mir die Lamas, Kamele und Pferde vom Raphaelshaus in Dormagen eindringlich vor Augen geführt. Den dafür Verantwortlichen Marie-Theres und Hans Scholten gilt mein Dank – auch für ihren Gastbeitrag.

1. Erkenntnisse der Verhaltensbiologie

»Vom langen Schatten Descartes« könnte der erste große Abschnitt der für die Erforschung der Tiere relevanten Wissenschaftsgeschichte betitelt werden. Wie wir gesehen haben, hat die radikale Leugnung der »Tierseele« den über lange Zeit der Menschheitsgeschichte angenommenen engen Verbund zwischen Mensch und Tier durchschnitten. Mochte die physiologische Architektur des Menschen jener der Tiere gleichen – die ausschließlich dem Menschen eigene, immaterielle und unsterbliche Seele, die in der Descart'schen Gleichsetzung für das Denken verantwortlich ist, verschaffte ihm endlich eine exklusive und weit über das Tier hinausgehobene Existenz. Moderne behavioristische Modelle, die das Verhalten von Tieren ausschließlich als einen Reiz-Reaktions-Mechanismus oder als biochemisch funktionierende Computer zu erklären versuchen, sind vom Descart'schen Ansatz nicht weit entfernt, manche berufen sich sogar auf ihn als ihren Vorläufer.

Wenn Descartes alle Verhaltensweisen von Tieren in Fortführung der Kepler'schen Anschauungen ausschließlich mechanistisch zu erklären versuchte, dann zeugte dies sicherlich auch von jenem neuen wissenschaftlichen Realismus, der sich scharf gegen die damals – auch durch die Rezeption des Neuplatonismus – wieder hochkommenden Vorstellungen eines völlig durchseelten Kosmos wandte. Zugleich war die Wissenschaft zu Descartes' Zeit noch nicht mit Menschenaffen und höheren Meeressäugern vertraut und hatte noch wenig Grund, an der Annahme zu zweifeln, dass Tiere nicht denken können. Und außerdem standen ihr noch nicht die fossilen Funde zur Verfügung, die ein aufsteigendes Kontinuum von anthropoiden Wesen zeigen, von den höheren Primaten bis zum Homo sapiens.

Mit Charles Darwin (1809–1882) begann ein neues Kapitel innerhalb der Wissenschaftsgeschichte, und mit den Nobelpreisträgern Konrad Lorenz, Niko Tinbergen und Karl von Frisch wurde die Verhaltensbiologie eine eigene Disziplin. »Zwischen Brehm und Behaviorismus« könnte der Titel dieses Zeitabschnitts lauten: Übertrug Ersterer hemmungslos das ganze Repertoire menschlicher Gefühlsregungen und Charaktereigenschaften auf die Tiere, leugnet Letzterer jedwede Verwandtschaft. Auf einer entsprechenden Gratwanderung gelingt es Wissenschaftlerinnen und Wissenschaftlern inzwischen mehr und mehr, »the animal's point of view« einzunehmen und so ein facettenreiches Bild der Tiere zu zeichnen, das ihrer je eigenen Natur gerecht zu werden versucht. Mit ihren Beiträgen nähern sie sich zudem (auch ausdrücklich) dem Phänomen »tierliches Bewusstsein«, was dazu führt, die Nähe und Distanz zwischen Mensch und Tier exakter auszuloten und zugleich Aufschlüsse über die Entstehung des Bewusstseins innerhalb der Evolution zuzulassen.

Die Verhaltensbiologie ist durch ihre interdisziplinäre Ausrichtung in der Lage, die Zusammenhänge zwischen inneren Vorgängen und äußeren Bedingungen, mit und in denen ein Tier »bewusst« lebt, umfassender darzustellen, also Emotionen und Gefühle mit dem Einfluss des Lebensraums sowie des Sozialverbandes oder Partners und den Vater/Mutter-Relationen in Verbindung zu bringen. Dabei ist sie sich der fundamentalen und nicht aufhebbaren Differenz bewusst, die Thomas Nagel – nicht ohne Humor – beschreibt, wenn er der Frage nachgeht, wie es sich anfühle, eine Fledermaus zu sein:

»Mithin wird es nutzlos sein, sich vorzustellen, man habe Flughäute an seinen Armen, mit denen man in der Dämmerung umherfliegen und mit seinem Maul nach Insekten schnappen könnte, man habe nur ein mittelmäßiges Sehvermögen und nehme seine Umwelt mittels eines Systems reflektierter, hochfrequenter akustischer Signale wahr; und den Tag verbringe man, mit dem Kopf nach unten an den Füßen aufgehängt, auf einem Dachboden. Soweit ich mir dies überhaupt ausmalen kann (und sehr weit reicht meine Einbildungskraft hier fürwahr nicht), kann ich dem stets nur entnehmen, wie mir zumute wäre, sobald ich mich so verhielte, wie sich eine Fledermaus verhält. Das steht hier aber gar nicht erst zur Debatte. Ich will nicht etwa wissen, wie mir zumute wäre, würde mein Leben fledermausartig, sondern wie es sich für Fledermäuse anfühlt, eine Fledermaus zu sein. Und wenn ich mir das vorzustellen versuche, finde ich mich eingeschränkt auf die Inhalte meines eigenen Bewusstseins, die der Aufgabe offenkundig unangemessen sind.«[3]

---

3. Thomas Nagel: Wie ist es, eine Fledermaus zu sein? In: ders.: Letzte Fragen. Bodenheim 1996, S. 234.

1.1 Von pubertierenden Meerschweinchen

Dass es sich bei diesen Lieblingen der Kinderzimmer nicht um kleine Fressroboter handelt, die sich problemlos von jedermann streicheln und von einem Ort zum anderen schleppen lassen und dabei überhaupt nichts spüren, dass ihr eindringliches Pfeifen ein unmotiviertes Nebengeräusch ist, von diesen Vorurteilen haben mich die beeindruckenden Arbeiten von Norbert Sachser und seiner Arbeitsgruppe an der Uni Münster restlos befreit.

Ihr Untersuchungsobjekt sind sowohl domestizierte Meerschweinchen (Cavia aparea f. porcellus) als auch ihre Wildformen (Cavia aparea und Galea musteloides). Folgende generelle Aussagen über das Verhalten von in Gruppen lebenden Säugetieren lassen sich aus den Ergebnissen ableiten: Soziale Interaktionen haben nicht nur Auswirkungen auf den individuellen Reproduktionserfolg, sondern können einerseits das gesamte Wohlergehen fördern oder rufen Stressreaktionen hervor. Die Art und Weise, in der Tiere interagieren, wird nicht nur von der aktuellen Umweltsituation beeinflusst, sondern in hohem Maß auch von den sozialen Erfahrungen, die sie während ihrer bisherigen Entwicklung gemacht haben. Hier kommt der Pubertät als besonders prägende Phase auch im Leben eines jungen Meerschweinchens außerordentliche Bedeutung zu. Tatsächlich lernen die jungen Tiere in dieser Zeit, wie sie sich angemessen in ihrem Sozialverband zu verhalten haben. Außerdem haben pränatale Bedingungen eine nicht zu unterschätzende Relevanz. So verhalten sich etwa Töchter einer Mutter, die während ihrer Trächtigkeit in einer stabilen sozialen Situation gelebt hat, anders als solche, deren Mutter sozialem Stress ausgesetzt ist.

1.2 Sozialisation, Wohlergehen und Verhalten

Auch wenn Tiere derselben Art angehören, gibt es große Unterschiede darin, wie sie sich gegenüber umweltbedingten Herausforderungen verhalten. Tatsächlich sind dafür neben genetischer Präposition, Geschlecht und Alter auch Erfahrungen während der Entwicklung verantwortlich. In den 50er-Jahren des letzten Jahrhunderts machten Experimente an Rhesusaffen erstmals deutlich, welchen Einfluss die Sozialisationsbedingungen auf das spätere Verhalten der Tiere haben können: Im Gegensatz zu Tieren, die einen stabilen Sozialverbund erleben konnten, verhalten sich Affen, die einzeln groß geworden sind, in neuen Situationen eher furchtsam und fast depressiv, gegenüber fremden Artgenossen sogar überaus aggressiv. Offensichtlich konnten sie keine normalen innerartlichen Sozialbindungen aufbauen. Diese Befunde beschränken sich nicht auf Primaten. »Wahrscheinlich bedürfen Säugetiere adäquater Sozialisationsbedingungen, um mit Artgenossen erfolgreich kommunizieren und interagieren zu können«, sagt Norbert Sachser.

Er und sein Team konnten in vielen Arbeiten mit Hausmeerschweinchen nachweisen, dass soziale Erfahrungen während der Ontogenese – also der Individualentwicklung – nicht nur Auswirkungen auf das Verhalten der erwachsenen Tiere, sondern auch auf ihre physiologischen Stressreaktionen haben. Wenn etwa Männchen dieser Tierart in gemischtgeschlechtlichen Kolonien aufwachsen, können sie sich als Erwachsene problemlos in fremde Kolonien integrieren. Sie erkunden am ersten Tag die unbekannte Umwelt, führen aber keinerlei offensiv aggressives Verhalten gegenüber den ansässigen Geschlechtsgenossen oder auch Werbeverhalten gegenüber den Weibchen aus. Sie gliedern sich dann innerhalb der folgenden Tage problemlos in das soziale Beziehungsgefüge der neuen Gruppe ein, und es kommt zu keinem auffälligen Droh- oder Kampfverhalten. Hormonuntersuchungen zeigen zudem, dass es bei den in Kolonien aufgewachsenen Männchen in der für sie neuen Situation zu keinen Veränderungen in den Konzentrationen der Stresshormone kommt.

Männchen hingegen, die einzeln oder paarweise aufgewachsen sind, verhalten sich in derselben Situation vollkommen anders: Sobald ein fremdes Weibchen auftaucht, zeigen sie intensives Werbeverhalten, und wenn unbekannte Männchen auftauchen, werden sie hemmungslos angegriffen. Von diesen werden sie jedoch im Lauf des ersten Tages besiegt, sodass sie sich in eine Ecke der Kolonie zurückziehen. Überraschende Befunde belegen, dass starke physiologische Stressreaktionen auftreten, obwohl die Besiegten anschließend nicht mehr in Interaktionen verwickelt sind: Schon fünf Stunden nach dem Umsetzen in die fremde Kolonie kommt es zur Erhöhung der Cortisolkonzentration (Stresshormone) um knapp 200 % und zu einer Reduktion des Körpergewichts von etwa 10 % bis zum dritten Tag. Erst fast 20 Tage nach dem Einsatz in fremdes Terrain erreichen die Hormonkonzentrationen wieder Normalwerte.

»Wie kommen diese Unterschiede zustande?«, fragen sich die Biologen um Norbert Sachser: Wenn junge Männchen in den Kolonien heranwachsen, sind sie selbstverständlich in aggressive Auseinandersetzungen mit älteren und dominanten Männchen verwickelt. Sie erfahren sich schnell in der Rolle eines unterlegenen Individuums und erlernen ein Verhaltensrepertoire, das es ihnen erlaubt, sich stressfrei und aggressionsarm mit den Artgenossen zu arrangieren. Und diese Fähigkeiten sind – anders als früher geglaubt – nicht instinktiv vorhanden.

1.3 Soziale Unterstützung mindert Stressreaktion

Verhaltensbiologische Untersuchungen zeigen immer mehr, dass das soziale Umfeld eines Tieres sehr positive Auswirkungen haben kann. Wird z. B. einem Totenkopfäffchen, das in einem festen sozialen Verband lebt, eine Schlangenattrappe gezeigt, so erfolgt keine hormonelle Stressreaktion. Wenn es hingegen allein ist, reagiert es mit einem steilen Anstieg der Cortisolkonzentration. Die Münsteraner Biologen und Biologinnen konnten nachweisen, dass beim jungen Hausmeerschweinchen in Stresssituationen die Anwesenheit der Mutter sogar zu einer völligen Unterdrückung der hormonellen Stressreaktion führt. Interessant ist es, dass auch die Geschwister und sogar fremde Weibchen zu einer solchen Beruhigung führen. Bei erwachsenen Tieren sieht es anders aus: Wenn ein männliches Meerschweinchen aus einer Kolonie herausgenommen und in ein fremdes Gehege eingesetzt wird, kommt es wie bei allen Säugern zu einer akuten Stresssituation. Tatsächlich steigt innerhalb von ein oder zwei Stunden die Cortisolkonzentration im Blut um etwa 100 % an.

Die Frage war, ob durch die Anwesenheit eines Weibchens die Stressreaktion reduziert werden kann. Es ist dabei wichtig zu wissen, dass die kleinen männlichen Nager drei unterschiedliche Kategorien von Weibchen kennen: Erstens gibt es die fremden Damen aus anderen Kolonien; zweitens bekannte Weibchen aus derselben Kolonie, zu denen aber keine soziale Bindung besteht. Und drittens gibt es dann noch diejenigen, die wir durchaus als Lieblingsweibchen bezeichnen dürfen. Nachdem für zehn Männchen diese jeweiligen Bindungspartnerinnen ermittelt worden waren, wurde jedes Männchen in vier verschiedenen Situationen getestet: (1) allein für vier Stunden in einem fremden und leeren Gehege, (2) zusammen mit einem fremden Weibchen, (3) mit einem bekannten Weibchen und dann (4) mit der »besonderen Dame des Herzens«. Den Tieren wurden vor und während des Tests Blut entnommen, um die Stresshormonkonzentrationen zu ermitteln.

In allen Testsituationen kam es zur Erhöhung der Hormonwerte, und im Durchschnitt stiegen sie auf das etwa Doppelte des Ausgangswertes. Aber es überrascht dann doch, dass es in den ersten drei Versuchsanordnungen zu einer deutlich stärkeren Stressantwort als durchschnittlich kam. Die Gegenwart des Lieblingsweibchens hingegen sorgte dafür, dass der Cortisolanstieg deutlich reduziert wurde. »Das heißt, ›soziale Unterstützung‹ kann nicht von jedem Artgenossen gegeben werden. Nur der – in diesem Fall weibliche – Bindungspartner ist in der Lage, durch seine Anwesenheit das Ausmaß akuter physiologischer Stressreaktionen zu reduzieren. Hoch interessant ist in diesem Zusammenhang ein erst kürzlich ermitteltes Ergebnis: Auch umgekehrt führt die Anwesenheit des männlichen Bindungspartners zu einer Reduktion der hormonellen Stressantwort beim Weibchen«, so Professor Sachser.

1.4 Jane Goodall und die Schimpansen

Persönlichkeit und Individualität kommen also schon diesen unterschätzten Nagern zu. Beides unseren nächsten Verwandten zuzusprechen, war jedoch ebenfalls lange Zeit unerhört, bis zu den Arbeiten jener großartigen Frau, die ich 2004 kennen lernen durfte: Jane Goodall! Bei einem offiziellen Besuch in Münster machte Professor Sachser uns bekannt. Neben ihren bahnbrechenden Erkenntnissen über Schimpansen und ihrem nicht fassbaren Engagement zum Schutz der Natur ist sie eine zutiefst geistliche Frau mit einem hohen Interesse an theologischen Fragen. Für sie steht außer Frage, dass der Spiritualität eine immer größer werdende Rolle zukommt, wenn es darum geht, Menschen zu einem Bewusstseinswandel zu führen. Besonders glücklich bin ich darüber, dass Jane Goodall auch die Schirmherrschaft über das Institut für Theologische Zoologie übernommen hat und bei der Eröffnung im Dezember 2009 dabei war (vgl. dazu www. theologische-zoologie.de).

Gombe ist der Name des Nationalparks in Tansania, in dem Jane Goodall die ersten spektakulären Beobachtungen unserer nächsten Verwandten, der Schimpansen, in freier Wildbahn dokumentierte. Durch sie erfuhr die interessierte Öffentlichkeit, dass jeder Schimpanse ein Individuum mit eigener Persönlichkeit, eigenen Charaktereigenschaften und auch Marotten ist. Und dies in einer Zeit, in der die Wissenschaft vom Behaviourismus geprägt war, wonach das Innenleben eines Tieres als völlig irrelevant für sein Verhalten zu gelten hat. Letztlich sind Tiere nach bahaviouristischer Lehrmeinung nur »Reiz-Reaktions-Automaten«. Ihnen Gefühle und Denkvermögen, gar Persönlichkeit zuzugestehen, galt als naiv und unwissenschaftlich; den Tieren Namen zu geben, war geradezu eine Todsünde. Seit Jane Goodall im August 1963 ihren ersten Artikel im »National Geographic« veröffentlichte, hat die westliche Welt das Leben unserer haarigen Verwandten verfolgt, als wären sie Darsteller einer Seifenoper. Noch immer faszinieren ihre Lebensgeschichten und die Berichte über ihr Verhalten, vielleicht auch deshalb, weil wir Menschen dadurch mit unserer eigenen Herkunft konfrontiert werden. Louis Leakey, der bedeutende Anthropologe, hatte Jane Goodall mit der Beobachtung der Schimpansen auch deshalb betraut, weil er sich erhoffte, ein »Fenster in unsere Vergangenheit« öffnen zu können: Wie in einem Spiegel kann sich Homo sapiens im vielfältigen Leben der Schimpansen (wieder-)entdecken.

David Greybeard war einer der ersten Schimpansen, den Jane kennen lernte. »Von Anfang an hatte David am wenigsten Angst vor mir«, schrieb Jane 1971 in »In the Shadow of man«. »Ich freute mich immer, wenn ich sein markantes Gesicht mit dem silbergrauen Bart in einem Trupp sah, denn da er beruhigend auf die anderen wirkte, konnte ich näher an sie herankommen, um sie zu beobachten.«[4] Der Schimpansenmann kam als Erster in Janes Camp, um sich die Früchte der Ölpalme zu holen, die dort wuchs. Eines Tages »stahl« er Bananen aus Janes Zelt. Als die Ölpalmkerne versiegten, ließ Jane Bananen für

---

4. Jane Goodall: Wilde Schimpansen. Reinbek 1991, S. 83.

David im Camp liegen. Bald brachte er andere Schimpansen mit – Goliath, William und den jungen Faben – und zeigte ihnen, dass man vor der schönen blonden Frau keine Angst haben muss. David lieferte Jane ihre beiden ersten und zugleich wichtigsten Entdeckungen. Nicht nur war er der Erste, der ihr zeigte, dass Schimpansen sich Werkzeuge für den gezielten Gebrauch herstellen. Bei ihm beobachtete sie auch erstmals, dass er das Fleisch eines Flussschweinjungen verzehrte. Bis dahin hielt man Schimpansen für reine Vegetarier. Und dann kam es zu einem wirklich magischen Erlebnis.

»Eines Tages saß ich nahe bei ihm am Ufer eines glasklaren Bachs und sah einen reifen, roten Ölpalmkern am Boden liegen«, berichtet Jane. »Ich nahm und hielt ihn ihm auf der offenen Hand hin, doch er wendete den Kopf ab. Als ich ihm die Hand näher hinhielt, schaute er die Frucht an, dann mich. Dann nahm er sie, ergriff aber zugleich meine Hand und hielt sie sanft, aber doch fest in der seinen. Da ich regungslos sitzen blieb, ließ er meine Hand los, schaute den Palmkern an und ließ ihn zu Boden fallen«[5] David hatte also verstanden, dass Jane ihm ein Geschenk anbot, wollte jedoch die Nuss nicht haben und nahm deshalb ihre Hand, eine beruhigende Geste bei Schimpansen.

»Meine Beziehung zu David war einzigartig – es wird niemals etwas Gleichartiges geben«, schrieb Jane 1986 in dem Buch »The Chimpanzees of Gombe: Patterns of Behavior«. »Als David 1968 einer in der Gruppe grassierenden Lungenentzündung erlag, habe ich um ihn getrauert wie um keinen Schimpansen davor und danach.«[6] Auch die alte Flo war eine regelmäßige Besucherin des Camps. Sie brachte zwei ihrer Kinder mit, den Jugendlichen Figan und das Kleinkind Fifi. Dann kam der schon fast Erwachsene Faben mit, der durch sein Verhalten deutlich machte, dass er zu Flos Familie gehörte. Dr. Goodall konnte so die engen und ein Leben lang haltenden Bande zwischen Müttern und ihren Jungen beobachten. Jedes Mal, wenn Flo in Empfängnisbereitschaft war, folgte ihr ein Rattenschwanz von Schimpansenmännern ins Camp, denn jeder hoffte auf seine Chance, sich mit ihr zu paaren. Als die Männer die Bananen im Camp entdeckten, wurden auch sie zu regelmäßigen Besuchern. Jane mochte Flo ihrer Persönlichkeit we-

5. Ebd., S. 86.
6. Jane Goodall: The Chimpanzees of Gombe. Patterns of Behavior. Boston 1986, S. 38.

gen. »Sie war aggressiv, hart im Nehmen und gewiss die dominanteste der Schimpansinnen«[7], schrieb Jane in »In the Shadow of man«. Sie war eine erstklassige Mutter: Gelassen, tolerant, verspielt und beschützend, doch hinreichend auf Disziplin bedacht, um Fifi in Schach zu halten, was für die Entwicklung eines Schimpansenkindes sehr wichtig ist. 1964 brachte Flo ein weiteres Kind zur Welt, dem Jane den Namen Flint gab. Voll Freude beobachtete Jane, wie sich Flo um diesen kleinen Sohn kümmerte, und auch, wie fasziniert die große Schwester Fifi von dem kleinen Bruder war und sich sehr darum bemühte, mit ihm in Beziehung zu treten. Unausweichlich begann Flo irgendwann Alterserscheinungen zu zeigen. Es gelang ihr nicht mehr, Flint zu entwöhnen, als es Zeit gewesen wäre. Auch um das Baby Flame, das geboren wurde, als Flint erst viereinhalb war (das normale Geburtenintervall liegt bei fünf oder mehr Jahren), konnte sie sich nicht kümmern.

Flame starb, als Flo zu krank und zu schwach war, um nachts auf einen Baum zu klettern und ein Nest zu bauen. Nach Flames Tod erholte sie sich etwas, doch hatte sie nicht die Kraft, Flint im Zaum zu halten, der darauf beharrte, auf ihrem Rücken zu reiten und das Schlafnest mit ihr zu teilen. Als Flo 1972 starb, verfiel der abnorm von ihr abhängige Flint in tiefe Schwermut. Er war lethargisch, aß nichts mehr und magerte ab. In »Through a Window« beschrieb Jane in bewegenden Worten seine letzten Tage: »Seinen letzten Gang machte er zu der Stelle, an der Flos Körper gelegen hatte. Alle paar Schritte legte er eine Pause ein, dann blieb er einige Stunden lang an dieser Stelle sitzen und starrte vor sich hin oder ins Wasser. Dann schleppte er sich noch ein wenig weiter, rollte sich zusammen – und machte keine Bewegung mehr.«[8]

Flos Tod hinterließ eine Lücke in Gombe – Jane und Flo hatten so viel Zeit miteinander verbracht. Flo ist die einzige Schimpansin, die mit einem Nachruf in der britischen »Sunday Times« geehrt wurde. In ihren Nachkommen, den Mitgliedern der so erfolgreichen F-Familie, lebt sie fort. Ihr Sohn Figan wurde das Alphatier der Gruppe und auch ihre Enkel Freud, Frodo und Ferdinand erlangten Alphastatus. Zwei ihrer Enkelinnen, Fanni und Flossi, sind im Rang hochstehende Mütter, die jeweils mehrere eigene Kinder haben.

---

7. Jane Goodall: Wilde Schimpansen, S. 92.
8. Jane Goodall: Through a Window. Boston 1990, S. 42.

Weitere Erkenntnisse über unsere nächsten Verwandten, von denen nun die Rede ist, helfen hoffentlich, ihre Lebensräume in Afrika zu erhalten. Blitzlichtartig möchte ich dann zeigen, dass auch andere Tiere, bei denen wir dies weniger vermuten – wie Katzen, Schweine und Fruchtfliegen (!) –, überraschende Zeichen der Verwandtschaft mit uns Menschen an den Tag legen.

1.5 Schimpansen denken übers Denken nach[9]

»Was denken eigentlich Schimpansen? Wer ihnen zusieht, wie sie die Lage peilen, einander abchecken oder einfach mal das Gebaren ihres Gegenübers ignorieren, wird leicht überzeugt, dass im Kopf der Menschenaffen eine ganze Menge vorgeht. Am Max-Planck-Institut für evolutionäre Anthropologie in Leipzig haben Biologen nun zeigen können, dass Schimpansen offenbar nicht nur vorausschauend planen können, sondern auch überlegen, wie wohl ein Gegenüber in ihrer Situation handelt oder gehandelt hat. Wie sie zu dieser Erkenntnis gekommen sind, berichtet das Team um Martin Schmelz.

In einem Experiment setzten sie einen Schimpansen vor einen Tisch, auf dem zwei undurchsichtige Bretter lagen. Das eine war flach, das andere hatte eine Auswölbung in der Oberfläche. Unter dieser Auswölbung versteckten die Forscher etwas zu essen. Der Schimpanse durfte die Bretter anheben und nachsehen, wo das Futter liegt. Die Wahrscheinlichkeit, dass der Affe unter dem ausgewölbten Brett zuerst nachsieht, ist ziemlich hoch. Offenbar kann er sich denken, dass unter einer Ausbuchtung eher etwas versteckt ist, als unter einer flachen Platte. Derartige Aufgaben sind für Schimpansen leicht zu lösen – ganz offensichtlich sind sie in der Lage, aus der Oberfläche von Brettern Rückschlüsse über darunter Verborgenes zu ziehen.

Die Wissenschaftler wollten als Nächstes wissen, ob die Schimpansen sich auch in andere Schimpansen hineinversetzen können. Sie wollten prüfen, ob die Affen so handeln, als ob sie vorher überlegen, was sie unter bestimmten Umständen anstelle eines anderen Affen tun würden. Also ließ ein Forscher zwei Schimpansen an einem weiteren Experiment teilnehmen: Sie versteckten einen Futterhappen

9. DIE WELT, 02. Februar 2011.

wie gehabt unter der gewölbten Platte, einen weiteren unter einem glatten Brett in einer darunterliegenden Aushöhlung des Tisches. Einer der beiden Affen durfte beim Verstecken des Futters zusehen – er wusste also, dass sowohl unter dem gewölbten als auch unter dem flachen Brett etwas zu fressen lag. Dann durften beide Affen getrennt voneinander unter den Platten nachsehen. Der jeweils andere Schimpanse bekam aber mit, dass sein Artgenosse am Bretterspiel teilnahm. Allerdings durfte ihm hierbei sein Konkurrent nicht zusehen – er wusste also, dass schon jemand nach Futter gesucht hatte, aber er wusste nicht, unter welcher Platte der Konkurrent bereits nachgesehen hatte.

Wie erwartet suchte der Affe, der nichts von dem Geheimversteck unter der flachen Platte wusste, zuerst unter dem gewölbten Brett. Auch der Schimpanse, der das geheime Versteck kannte, suchte zuerst hier – zumindest dann, wenn er als Erster nachsehen durfte. Durfte aber der Affe, der das Geheimversteck nicht kannte, zuerst unter den Brettern nachsehen, änderte der »eingeweihte« Affe sein Verhalten. Er schien zu überlegen, dass der erste Affe das offensichtliche Versteck schon geräubert haben würde – und sah überdurchschnittlich oft unter dem flachen Brett nach.

Einige Studien haben gezeigt, wie intelligent Menschenaffen sind: Sie können ihre Handlungen in die Zukunft planen, etwa wenn sie ein Werkzeug verstecken, das ihnen später noch einmal nützlich sein könnte. Auch können sie sich in ihre Artgenossen hineinversetzen. Zudem ist bekannt, dass Schimpansen und andere Affen erkennen, was ihre Artmitglieder sehen oder wahrscheinlich vor kurzem gesehen haben, schreiben die Forscher. Nun konnten sie aber zeigen, dass Affen offenbar in der Lage sind, sich Gedanken über Situationen und Begebenheiten zu machen, die sie nicht direkt wahrgenommen hatten. Sie denken praktisch über das nach, was möglicherweise gewesen ist, um ihr Handeln danach auszurichten. »Wenn wir ›Denken‹ so definieren, dass es mehr ist, als aus wahrgenommenen Informationen Rückschlüsse zu ziehen, dann müssen wir erkennen, dass der Mensch nicht nur nicht als einziges Lebewesen denken kann. Sondern dass das Denken über das Denken ebenfalls kein menschliches Alleinstellungsmerkmal ist‹, schreiben die Forscher.«

1.6 Und sie trauern auch

Schimpansen können Stücke als Werkzeuge benutzen, wie Kinder mit ›Puppen‹ spielen, lachen, schauspielern – allem Anschein nach auch tiefe Trauer empfinden und zeigen, wie neue Videoaufnahmen nahelegen. Die Dokumente erbringen neue Hinweise dafür, dass Schimpansenmütter um ihren Nachwuchs trauern. Es wirke ergreifend und weiche ganz eindeutig vom Gebaren im Umgang mit lebenden Affenjungen ab, berichtet ein Team des niederländischen Max-Planck-Instituts für Psycholinguistik im Januar 2011 im ›American Journal of Primatology‹. Schon 2010 hatten britische Forscher geschrieben, dass Schimpansen sich um sterbende Gruppenmitglieder kümmerten und sich nur schwer vom sterbenden Nachwuchs trennen könnten.

Im Affenschutzgebiet Chimfunshi in Sambia beobachteten und filmten die Forscher unter der Leitung von Katherine Cronin, wie eine Schimpansenmutter die Leiche ihres mit 16 Monaten verstorbenen Jungen mehr als einen Tag lang mit sich herumtrug, immer wieder auf den Boden legte und mit ihren Fingern über dessen Gesicht und Nacken strich. »Sie blieb fast eine Stunde neben der Leiche, trug sie dann zu einer Gruppe von Schimpansen und sah zu, wie diese sie untersuchten«, berichten die Forscher. Bisher sei zu wenig erforscht, wie Primaten auf den Tod naher Angehöriger reagierten, was sie davon verstünden und ob sie tatsächlich trauerten, so Cronin. Die neuen Videoaufzeichnungen zwängen den Betrachter, darüber nachzudenken, was in den Köpfen der Primaten wohl vor sich gehe. Auch müssten ähnliche frühere Beobachtungen und Aufzeichnungen angesichts dieser neuen Dokumente ergänzt werden.[10]

1.7 Katze macht sich zum Affen[11]

»Katzen gelten als Meister des Anschleichens, die sich ihrer Beute bis auf kürzeste Distanz heimlich nähern können. Sitzt das potenzielle Opfer allerdings außer Reichweite, greifen zumindest manche Raub-

---

10. Vgl.: NEUE ZÜRCHER ZEITUNG, 29. Januar 2011.
11. www.wissenschaft-online.de/artikel/1039270.

katzenarten auf noch perfidere Tricks zurück, wie Forscher der New Yorker Wildlife Conservation Society im Amazonasregenwald bemerkt haben.

Während der Exkursion im Naturschutzgebiet Adolpho Ducke beobachteten die Biologen um Fabio Rohe, wie Zweifarbentamarine (Saguinus bicolor) – eine Krallenaffenart – in einem Feigenbaum fraßen. Plötzlich hörten Sie die Rufe von Affenbabys, die aus einem Gewirr von Lianen und anderen Schlingpflanzen in Bodennähe drangen. Die klagenden Laute erregten nicht nur die Aufmerksamkeit der Wissenschaftler, sondern auch eines Tamarin-Kundschafters, der rasch aus der Krone herabkletterte – gefolgt von vier weiteren neugierigen Äffchen. Plötzlich sprang ein Margay (Leopardus weidii) – eine ozelotähnliche Kleinkatze – aus dem Dickicht und attackierte die Tamarine. Der Kundschafter hatte allerdings die Gefahr noch rechtzeitig bemerkt und einen Warnruf ausgestoßen, sodass er und seine Artgenossen sich noch in Sicherheit bringen konnten. Da kein anderes Tier in der Nähe war, musste also der Margay die Affenlaute imitiert haben – erstmals konnte damit von Wissenschaftlern nachgewiesen werden, dass Neuweltkatzen zum Mittel der Nachahmung greifen, um ihr Jagdglück zu forcieren.

Bislang kursierten vor allem Anekdoten von indianischen Ureinwohnern der Region, die ein derartiges Verhalten mitbekommen hatten. Sogar Pumas und Jaguare hätten demnach schon versucht, mit Stimmenmimikry Beute wie Affen oder Agoutis – ein pudelgroßes Nagetier – in ihr Verderben zu locken. Entsprechende Nachforschungen sollen nun am Amazonas verstärkt werden.«[12]

1.8 Optimisten in Rosa oder: Wann Schweine Gutes erwarten[13]

»Fühlt ein Schwein sich wohl, erwartet es von den Geschehnissen in seiner Umgebung nur Gutes – und umgekehrt. Diese Erkenntnis stellte Catherine Douglas von der Newcastle University kürzlich in einer Fachtagung im britischen York vor. Um die Lebenseinstellung

---

12. www.wissenschaft-online.de/artikel/1039270.
13. SÜDDEUTSCHE ZEITUNG, 29. Juli 2010.

der Tiere zu testen, brachte Douglas ihnen zunächst bei, den Ton eines Glockenspiels mit einem Apfel – für Schweine eine Delikatesse – zu assoziieren. Ein Klickgeräusch hingegen lernten die Tiere mit dem unangenehmen Geräusch einer Plastiktüte zu verbinden.

Dann teilte Douglas die Schweine in zwei Gruppen, von denen die eine luxuriös ausgestattete Stallboxen bezog. Viel Platz zum Herumlaufen, Stroh zum Wühlen und verschiedene Spielzeuge sollten dafür sorgen, dass sich die Schweine wohlfühlten und keinen Stress empfanden. Genau dies war in der zweiten Gruppe beabsichtigt, daher bekamen diese Tiere nur enge Boxen ohne Stroh und schweinegerechtes Spielzeug geboten. Dann spielte Douglas beiden Gruppen einen Quietschton vor, der bisher keine Bedeutung für die Tiere hatte. Die Schweine in den anheimelnden Boxen kamen daraufhin erwartungsvoll zu jener Stelle, an der sie zuvor ihre Äpfel bekommen hatten. Die Tiere aus den langweiligen Boxen ängstigte das Quietschen hingegen. Statt Futter schienen sie die knisternde Tüte zu erwarten.

›Schweine reagieren wie Menschen‹, sagt Douglas. ›Wenn wir uns wohlfühlen, erwarten wir von einem Ereignis, dass wir zunächst nicht einschätzen können, das es uns Gutes bringt.‹ Ihre Studie sei ein weiterer Beweis dafür, zu welch komplexen Emotionen Schweine fähig seien. ›Das muss in der Haltung stärker berücksichtigt werden‹, fordert die Tierärztin.«

1.9 Von der Melancholie der Insekten[14]

»Die Fliege lernt schnell. Sie kann nicht viel tun. Aber alles, was in ihrer Macht steht, versucht sie, um der schrecklichen Hitze zu entgehen, die ihr immer wieder aus heiterem Himmel die Flügel zu versengen droht. Es ist ein abenteuerliches Experiment, nicht nur für die Fliege. Mit beachtlicher Fingerfertigkeit haben Wissenschaftler im Labor von Martin Heisenberg am Biozentrum der Universität Würzburg die nur 2,5 Millimeter lange Fruchtfliege mittels zweier Metalldrähte im Flug angebunden. Das Tier fliegt durch eine virtuelle Realität, LEDs gaukeln ihm eine Umgebung vor, die es so gar nicht gibt. Über die Metalldrähte messen Sensoren, was die Fliege in dieser künstlichen

---

14. SÜDDEUTSCHE ZEITUNG, 16. Februar 2011.

Welt tut. Viel ist das nicht, denn außer sich ein wenig nach links oder rechts zu drehen, hat die festgebundene Fliege keine Wahl. Diese Wahl aber ist bedeutend. Denn jedes Mal, wenn die Fliege sich nach rechts wendet, wird es für sie unerträglich heiß. Schnell lernt das Tier, dass es gesünder ist, nach links zu fliegen. Kurze Zeit später fliegt es fast nur noch nach links. Selbst wenn die Forscher die Hitzepulse längst eingestellt haben, erobert es sich nur langsam die rechte Welt zurück. Das kleine Insekt ist im Dienste der psychologischen Forschung unterwegs. Dass nicht nur Genetiker und Entwicklungsbiologen von vermeintlich seelenlosen Wesen lernen wollen, sondern auch Psychiater und Psychologen, überrascht beim ersten Vernehmen. Doch Forscher konnten nicht nur an Säugetieren, sondern auch an Fruchtfliegen und Zebrafischen erstaunliche Parallelen zu psychischen Störungen des Menschen aufzeigen, wie sie nun während einer Tagung im Münchner Klinikum rechts der Isar berichteten. Schon das kleinste dieser Tiere, die Fruchtfliege mit ihrem winzigen Gehirn, könne uns Menschen etwas über unser eigenes Gehirn verraten, meint Martin Heisenberg – sogar über so bedeutende Kategorien wie Lernen, Bewusstsein und Depression. Tatsächlich scheinen die Fliegen mitunter deprimiert. Zum Beispiel, wenn Heisenberg sie genügend frustriert hat. Sie verfallen dann in eine Art Lethargie, ähnlich wie bei Menschen, wenn sie sich als Spielball des Schicksals fühlen und ihre eigenen Entscheidungen als irrelevant für den Fortgang ihres Lebens empfinden.

Heisenberg hat Fliegen in einem winzigen Kasten laufen lassen, dessen Boden ab und zu unangenehm heiß wurde. Wenn die Fliegen loskrabbelten, wurde der Boden wieder kühl. Eine zweite Gruppe Fliegen aber konnte an der Hitze nichts ändern. Diese trat auf und verging wieder – gleichgültig, was die Tiere dagegen zu unternehmen versuchten. Diese zweite Gruppe von Fliegen, die unterdrückten Exemplare, bemühte sich in einem Folgeexperiment gar nicht mehr, der unangenehmen Hitze zu entgehen. Dabei wäre es diesmal leicht möglich gewesen; sie hätten nur auf die andere Seite der Kammer hinüberlaufen müssen. Offenbar empfanden sie ihre Lage aber als aussichtslos und hatten jeden Antrieb verloren, ihre Situation zu verbessern.

Die Insekten verhalten sich wie geprügelte Hunde, möchte man meinen. Und so ist es auch: Heisenbergs Fliegen-Experiment stammt ursprünglich aus den 1960er-Jahren. Damals haben die Psychologen Martin Seligmann und Steven Maier in den USA Hunde mit Elektroschocks traktiert. Auch hier versuchten jene Tiere, die im ersten Versuchsteil keinen Einfluss auf ihr Schicksal hatten, im zweiten Teil nicht mehr, den Stößen zu entkommen und blieben oft lethargisch in der Box liegen. Von »learned helplessness« sprechen Psychologen, von erlernter Hilflosigkeit. Sie gilt bis heute als Modell für Depressionen. Dass auch Insekten solch depressives Verhalten zeigen, überrascht Kenner nicht. Schon in den 1970er-Jahren nämlich wurden die Experimente von Seligmann und Maier auch mit durch und durch hirnlosen Entitäten vorgenommen, mit ausgerissenen Beinen von Küchenschaben. Selbst die reagierten nicht mehr auf einen Elektroreiz, wenn das nichts half. ›Man braucht offenbar kein Gehirn, um deprimiert zu sein‹, folgert Hans Förstl, Leiter des Psychiatrischen Klinik an der TU München.

Ob das Verhalten der Fliegen wirklich etwas mit Depressionen zu tun hat? Das fragt sich auch Martin Heisenberg. ›Wir wissen zum Beispiel noch nicht, ob diese Tiere auch weniger aktiv sind als die anderen Tiere oder ob sie weniger Lust haben, sich zu paaren‹, sagt er. Auffällig sei, dass weibliche Fliegen häufiger betroffen sind als männliche, wie dies auch für Menschen mit Depressionen gilt. Wie vergleichbar die erlernte Hilflosigkeit der Fliegen und die Depressionen der Menschen auch immer sind: Für Medikamententests reicht es offenbar. Die Fliegen lassen sich mit Psychopharmaka therapieren. Ein paar Mikrogramm Citalopram, ein bisschen 5-HTP oder auch das in den USA längst als Psychopille gegen jede Unbill des Alltags verwendete Prozac helfen den Tieren, wieder besser draufzukommen. Ihre Deprimiertheit ist dann wie verflogen, sie retten sich genauso erfolgreich wie ihre unvoreingenommenen Verwandten vor der Hitze.

Zahlreiche Versuche belegen inzwischen, dass Fliegen nicht nur Reflexe haben. Sie sind auch zu operantem Lernen fähig, zum Lernen am Erfolg. Dies verdeutlicht zum Beispiel das Experiment mit Links-Flug bei Hitze, den sich die Fliege auch wieder abgewöhnen kann. ›Wenn man sich aber im Leben durch Ausprobieren fortentwickelt, wie auch wir Menschen das tun, dann braucht man offensichtlich einen Notschalter, der einen davon abhält, unaufhörlich weiterzuprobieren‹, sagt Heisenberg. ›Womöglich ist dieser Notschalter die Grundlage für Depressionen beim Menschen.‹

Die Experimente vermitteln nach Ansicht von Michael Hufnagl eine wichtige Erkenntnis: ›Unvorhersagbarkeit fördert das Gedächtnis‹, sagt der Neuropsychologe vom Münchner Krankenhaus Bogenhausen. ›Die meisten Menschen denken, Gedächtnis habe etwas mit Vergangenheit zu tun. Es hat aber etwas mit Zukunft zu tun.‹ Gedächtnis diene der Gestaltung der Zukunft. ›Je spannender diese ist, desto besser ist die Erinnerungsleistung. Depressive Patienten denken hingegen, sie hätten keine Zukunft.‹

Natürlich müsse man vorsichtig sein mit der Interpretation von Ergebnissen, die man an Tieren gewonnen habe, betont der Demenzforscher Christian Haass von der Universität in München. ›Mäuse mit Gedächtnisschwund konnten wir hervorragend heilen.‹ Die Mäuse fanden dann eine Plattform in einem Bassin wieder, auf die sich die wasserscheuen Tiere retteten. Wo diese Plattform war, hatten die Tiere vergessen. ›Beim Menschen taugten die gleichen Arzneien leider nichts‹, so Haass. Trotzdem lasse sich über die Tiere viel über Geist und Psyche lernen. Unter einer Voraussetzung: ›Man muss für jede Fragestellung das richtige Tier wählen.‹ Der Zebrafisch zum Beispiel hat in Haass' Labor versagt, wenn es um Gedächtnistests ging, obwohl Fische an sich ein gutes Erinnerungsvermögen haben. Wenn aber physiologische Vorgänge betrachtet werden, dann tauge auch der Zebrafisch zur Demenz-Forschung. Bei Fischen mit Merkmalen von Alzheimer verkürzen sich nämlich die Fortsätze von Nervenzellen ähnlich wie bei kranken Menschen.

Es gibt sogar erstaunliche Parallelen zwischen Psychiatriepatienten und Hamstern, die aus dem Winterschlaf erwachen. Hamster seien oft verwirrt, wenn sie ihren Winterschlaf beendet haben, berichtet Thomas Arendt von der Universität Leipzig: ›Sie erinnern sich oft nicht mehr an Nahrungsquellen und auch nicht an ihre Partner.‹ Das zeigt sich, wenn die Hamster in einer Box mit zwei Ausgängen laufen. Sie lernen dort mit der Zeit, dass ihr Futter hinter dem Ausgang liegt, aus dem es nach Rosen und nicht nach Zitrus duftet. In neun von zehn Versuchen nehmen trainierte Hamster den richtigen Weg. Nach einem mehrwöchigen Winterschlaf aber haben die Tiere das Gelernte vergessen. ›Sie fangen wieder ganz von vorne an‹, sagt Arendt. Die Chance, dass sie den richtigen Ausgang erwischen, ist nur noch fiftyfifty. Hamster ohne Winterschlaf nehmen dagegen auch nach Wochen noch in sieben von zehn Fällen die richtige Tür.

Die Vergesslichkeit der Hamster ist vielleicht gar nicht so überraschend, wenn man bedenkt, dass der Hirnstoffwechsel im Winterschlaf drastisch heruntergefahren wird. ›Auch bei Alzheimer oder Depressionen findet man einen verminderten Zuckerumsatz im Gehirn‹, sagt Arendt. Weitere Ähnlichkeiten tun sich auf: So verkürzen sich im Winterschlaf die Ausläufer von Nervenzellen; und ein Hirnprotein namens Tau wird chemisch genau so verändert, wie es für Alzheimer charakteristisch ist. Das Phänomenale aber bei den Hamstern ist: ›All diese Prozesse sind hochgradig reversibel‹, sagt Arendt. ›Und zwar binnen Stunden.‹ Er hofft, dies eines Tages medizinisch nutzen zu können.

Eine Klasse von Tieren aber tauge gar nicht zur psychiatrischen Forschung – oder höchstens als Gegenbeispiel, sagt der Ornithologe Josef Reichholf. Vögel neigten kaum zu psychisch auffälligem Verhalten. Selbst in Gefangenschaft entwickeln sie selten Phobien, Depressionen oder Bewegungsstörungen, sofern die Haltung nicht tierquälerisch sei. Womöglich liegt das am draufgängerischen Wesen des Federviehs. Vögel stecken nicht ein. Statt in Angststarre zu verfallen, greifen sie an – egal, wie überlegen ihr Gegner ist. So verwickeln Krähen Bussarde in einen Luftkampf, bis diese abziehen. ›Und selbst Singvögel attackieren Eulen und Greifvögel, um sie zu vertreiben‹, sagt Reichholf. Er erzählt von Wacholderdrosseln, die Greifvögel mit Kot vollspritzen: ›Am Ende sitzt der Bussard völlig verkotet und flugunfähig am Boden. Er gibt ein wirklich jämmerliches Bild ab‹«.

1.10 Von der Freiheit der Fruchtfliege

Ulrich Pontes von der Süddeutschen Zeitung führte am 10.2.2011 folgendes Interview:

»Die Gehirnforschung hat die Existenz eines freien Willen radikal infrage gestellt. Doch der Zoologe Björn Brembs, Heisenberg-Stipendiat an der FU Berlin, will ihn ausgerechnet am Beispiel der Fruchtfliege rehabilitieren. In einem Überblicks-Artikel für das Fachblatt *Proceedings of the Royal Society B* (Bd. 278, S. 930, 2011) plädiert er für ein neues, biologisches Verständnis der Willensfreiheit.

SZ: Herr Brembs, Sie erforschen Fruchtfliegen – berechtigt das zu Aussagen über den freien Willen?

Brembs: Bei der Willensfreiheit geht es im Wesentlichen um die Fähigkeit, in der gleichen Situation unterschiedlich zu handeln – also auf bestimmte Reize mal so, mal anders zu reagieren, oder auch spontan zu handeln, wenn es gar keinen äußeren Anlass gibt. Und diese Variabilität des Verhaltens finden wir auch schon bei Fruchtfliegen.

SZ: Sie billigen einer Fruchtfliege einen freien Willen zu?

Brembs: Der freie Wille der Fruchtfliege ist weniger frei als unserer. Vielleicht verhält es sich wie bei einer Perle. Erst gab es ein Sandkorn, und dann hat sich Schicht um Schicht darauf abgelagert. Die fertige Perle, das ist unser menschlicher freier Wille, der alles Mögliche mit einschließt, zum Beispiel künstlerische Kreativität. Aber das Sandkorn der Freiheit, die Verhaltensvariabilität, hat wohl schon ein gemeinsamer Vorfahr von Mensch und Fruchtfliege besessen.

SZ: Manche Gehirnforscher behaupten seit einiger Zeit, der freie Wille an sich sei eine Illusion.

Brembs: In der öffentlichen Diskussion wird vereinfacht. Dass es keinen freien Willen im klassischen Sinn gibt, heißt ja noch lange nicht, dass unser Gehirn so vorhersagbar ist wie ein Räderwerk. Auch die betreffenden Neurobiologen lassen etwas Freiheit und Raum für Kreativität. Nein, ich denke, das Einzige, wogegen sie zu Recht Sturm laufen, ist die dualistische Idee, derzufolge es einen von der Materie losgelösten Geist gibt, der Entscheidungen treffen kann.

SZ: Was entscheidet die Fliege?

Brembs: Wenn sie 100 Fliegen vor eine Lampe setzen, krabbeln ungefähr 70 Fliegen auf das Licht zu und die anderen 30 davon weg. Testet man diese 30 noch einmal, tritt wieder diese 70-30-Prozent-Aufteilung auf. Es kann also keine genetische oder andere Festlegung sein – jede Fliege trifft jedes Mal neu eine 70-prozentige Entscheidung, auf das Licht zuzulaufen. Experimente haben gezeigt, dass sich solche Entscheidungswahrscheinlichkeiten durch Lernprozesse verändern lassen. Hat man zwei Düfte, die die Fliegen zunächst gleich gern mögen, kann man durch Bestrafung mit Elektroschocks zu 80-20-Prozent-Enscheidungen kommen. Aber 20 Prozent laufen immer noch zum gefährlichen Duft.

SZ: Das Verhalten der einzelnen Fliege lässt sich also nicht vorhersagen?

Brembs: Genau, für jede einzelne Beobachtung gilt das so genannte Harvard Law of Animal Behavior: ›Unter exakt kontrollierten Versuchsbedingungen macht ein Tier genau das, wozu es gerade Lust hat.‹ Was diesem schönen Gesetz neurobiologisch zu Grunde liegt, das versuchen wir herauszufinden.

SZ: Was könnte der biologische Sinn dieser Unsicherheit sein?

Brembs: Ohne die Unvorhersagbarkeit hätten etwa Raubtiere leichtes Spiel: Zum Beispiel gibt es Wasserschlangen, die einen Reflex mancher Fische ausnutzen: Links vom Fisch bewegen sie das Wasser leicht, der Fisch will nach rechts fliehen und schwimmt der Schlange genau ins Maul. Variabilität ist auch wichtig, um sich an neue Umgebungen gut anzupassen. Wenn ein Lebewesen in einer sich veränderten Umwelt die beste Überlebensstrategie finden will, muss es möglichst viel ausprobieren.

SZ: Das heißt, zufälliges Verhalten ist ein Überlebensvorteil?

Brembs: Genau. Wobei genauso wichtig ist, dass nicht alles gleich zufällig ist – wenn eine Fliege auf ein Hindernis zufliegt, sollte sie ja möglichst zuverlässig ausweichen. Und wenn Sie auf der Autobahn fahren, sind nicht vorhersagbare Manöver auch kein Überlebensvorteil. Man geht nun davon aus, dass das Gehirn diese Variabilität kontrollieren kann: Wenn ein Tier – oder Mensch – sich in einer neuen Situation zurechtfinden muss, regelt es die zufällige Komponente hoch, wenn es eine bekannte Sache möglichst effizient tun will, regelt es sie runter.

SZ: Wie kommt bei alledem der Zufall überhaupt ins Spiel?

Brembs: Die Physik weiß seit hundert Jahren, dass die Welt nicht streng deterministisch ist. In jedem System gibt es ein Hintergrundrauschen, teils durch Quanteneffekte bedingt, immer aber auch durch die thermische Bewegung. Das macht es prinzipiell unmöglich, den Lauf der Welt exakt vorauszuberechnen. Wir glauben nun, in unseren Versuchen Hinweise gefunden zu haben, dass das Gehirn dieses Hintergrundrauschen nutzt und je nach Bedarf verstärken kann. Wie das funktioniert, wissen wir bisher nicht, aber ich stelle es mir im Prinzip als eine Art Zufallsgenerator mit regelbarem Verstärker vor.

SZ: Ist das echte Freiheit? Wo bleibt die Möglichkeit, selbst aktiv zwischen Optionen zu entscheiden?

Brembs: Attraktiv ist folgende Hypothese, für die es bisher leider nur sehr indirekte Hinweise gibt: Zum Zufallsgenerator kommt eine Selektionsebene hinzu. Entscheidung wäre dann ein zweistufiger Prozess: Erst werden Verhaltensoptionen generiert, dann wird mit Hilfe des Willens eine Auswahl getroffen.

SZ: Bei der Auswahl spielen vermutlich auch determinierende Faktoren hinein – Gene, frühe Prägungen, Umwelt?

Brembs: Ja. Und so ergibt sich eine Kombination aus Zufall und Vorhersagbarem, ein Mittelding zwischen Freiheit und Determinismus. Dass es so eine Grauzone gibt, wird oft vernachlässigt. Dabei kennen wir seit 150 Jahren die Evolutionstheorie und wissen, dass dort zufällige und richtungsgebende Prozesse, nämlich Mutation und Selektion, zusammenwirken. Dieses Verständnis von teils zufälligen, teils deterministischen Prozessen müssen wir auch auf die Neurobiologie anwenden. Dass hier solch ein Mittelding vorliegt, hat die mathematische Auswertung unserer Versuche mit Fruchtfliegen gezeigt.

SZ: Und Menschen? Es heißt, wir würden erst handeln, dann Gründe erfinden.

Brembs: Studien zeigen, dass auch viele menschliche Entscheidungen hinterher vom Bewusstsein rationalisiert werden. Da wir nicht wissen, wie das Bewusstsein funktioniert, können wir auch nicht wirklich sagen, welchen Einfluss es hat. Klar ist nur, dass manches schon wegen der Laufzeiten bestimmter Nervensignale längst entschieden ist, bevor das Bewusstsein eingreifen kann. Aber hier wird nun noch mal der Unterschied von meinem Begriff und dem landläufigen Verständnis deutlich: Freier Wille nach meiner Definition ist unabhängig vom Bewusstsein!

SZ: Was sagen die Fachkollegen?

Brembs: Keiner stellt die von mir beschriebene Verhaltensvariabilität infrage. Manche kritisieren allerdings, es sei kontraproduktiv, den Ausdruck »freien Willen« zu rehabilitieren, nachdem man so lange gegen das alte, dualistische Verständnis gekämpft hat. Ich halte dagegen: Mit der Willensfreiheit haben wir einen Begriff, der ausdrückt, dass wir Verhaltens- oder Entscheidungsoptionen haben. Andere Kollegen bezweifeln, dass das Rauschen eine zentrale Rolle spielt. Es Freiheit zu nennen, sei doch reichlich übertrieben. Ich hoffe allerdings, dass wir mit unseren Forschungen zeigen können, dass es eine zentral ins Gehirn eingebaute Funktion ist. Wenn ich neuronale Mechanismen für die Variabilitätskontrolle finde, dann wäre das ein Hinweis darauf, dass es eben kein Nebeneffekt ist, sondern ein von der Evolution selektiertes, bedeutsames Merkmal. Meine Hypothese ist sogar, dass es die Hauptaufgabe des Gehirns ist, die Balance zwischen Freiheit und Determinismus zu finden.

SZ. Ganz konkret: Hätte ich, als ich vorhin an dieser verlockenden Tafel Schokolade vorbeikam, eine Chance gehabt, sie nicht aufzuessen?

Brembs: Natürlich hätten Sie eine Chance gehabt. Wahrscheinlichkeiten sind äußerst selten genau null oder eins. Wie groß Ihre Chance war, hängt natürlich davon ab, ob Sie zum Beispiel schokoladensüchtig sind oder jemand mit der Pistole Sie gezwungen hat. Aber ganz auszuschalten ist die Variabilität nie. Selbst wenn Sie das Beispiel schlechthin für eine immergleiche Reaktion nehmen, den Kniesehnenreflex. Um ihn wirklich so zu beobachten wie im Lehrbuch beschrieben, müssen Sie erst das Gehirn vom Rückenmark abtrennen! Sonst nämlich oktroyiert das Gehirn selbst diesem einfachen Reflex noch eine zusätzliche Variabilität auf.«[15]

Sie rücken uns also alle auf den ach so besonderen menschlichen Pelz: An die Nähe der Schimpansen haben wir uns sicher schon gewöhnt, an die der Meerschweinchen durch die eigene Kindheit oder die Präsenz der Tiere im jetzigen Heim. Aber nun auch noch Schweine und sogar Fliegen! Verwandt mit allem, was lebt, das sind wir Menschen – wohl oder übel. Mir wird immer mehr klar, dass es zu unserem Wohl, zum Verstehen dessen, was Menschsein heißt und nicht zuletzt zum Wohl des Planeten ist, diese Verwandtschaft wertzuschätzen.

15. SÜDDEUTSCHE ZEITUNG, 10. Februar 2011.

2. Die Menschheitsgeschichte ohne die Tiere: undenkbar

Dass die Tiere uns nahe sind, was Intelligenz, Gefühl und Kultur betrifft, wird immer klarer. Der kleine Gang durch die Verhaltensbiologie hat das deutlich gemacht. Nun gehen wir weiter zurück und werden sehen, dass die Übergänge vom Tier- ins Menschenreich fließend gewesen sein müssen und dass die Profilierung zum Homo sapiens mit Blick auf seine Mitschöpfe gelang und nicht etwa in einer ignoranten und arroganten Abwendung von ihnen.

2.1 Am Anfang war das Tier

»Die Verhältnisse haben sich umgekehrt: Am Anfang war das Tier – am Ende steht der Mensch«[16] konstatiert der Kunstgeschichtler und Philosoph Walter Grasskamp. Wenn er vom Anfang redet, meint er die ersten ausdrücklichen Selbstdarstellungen des Menschen, die in verschiedenen Höhlenmalereien ihren Ausdruck gefunden haben. Dabei stützt er sich auf die Arbeiten André Leroi-Gourhans, der nach Durchsicht der ältesten Zeichnungen in 66 Bilderhöhlen zu dem Ergebnis gelangt, dass Tierdarstellungen 62 Prozent der Zeichnungen ausmachen, nichtfigürliche Zeichen 34 Prozent, Abbildungen des Menschen aber nur vier. Grasskamp versteht die Dominanz der Tierabbildungen als Zeugnis »einer Menschwerdung in der Setzung einer Differenz zum Tier, (…) als dämmernde Erkenntnis der spezifischen Stellung des Menschen in der Natur, als paradoxe ästhetische Menschwerdung durch das Malen von Tieren: Das abgebildete Tier diente der Selbstentdeckung des Menschen«.[17]

Mit äußerster Feinheit und Sensibilität, zugleich mit Sicherheit und Schwung erfasste der Bildner das Eigentümliche des Pferdes, die Paarung von Kraft und Anmut, von Masse und Beweglichkeit, von Wachheit und Ruhe. Ebenso das Mammut, ganz in seine dumpfe Kraft

---

16. Walter Grasskamp: Am Anfang war das Tier. In: Mensch und Tier. Eine paradoxe Beziehung. Dresden 2003, S. 13 ff.
17. Ebd., S. 17.

gehüllt. Ausdruck von Macht und Blindheit, Größe, Ruhe, Selbstgenügsamkeit. Dazu stimmig das eigentümlich hilflose Suchen des Rüssels, das Verlorensein ans Nahe. Kardinal Franz König spricht von einer »mystischen Solidarität« zwischen Jäger und Opfer, die auf den Glauben an die Verwandtschaft der menschlichen Gemeinschaft mit der Tierwelt verweist.

2.2 Der Tempel-Berg

Wir machen einen zeitlichen und räumlichen Sprung: Wie die Süddeutsche Zeitung berichtet,[18] graben am Berg Göbekli Tepe im Südosten der Türkei deutsche Archäologen die älteste Kulturanlage der Welt aus und sehen wiederum, dass es ohne Tiere nicht ging: Nur aus der Ferne sieht der Berg unscheinbar aus. Wer über die steinige Piste fährt, die sich zwischen Getreidefeldern und Basaltbrocken nach oben schlängelt, spürt eine überwältigende Ruhe. Manchmal frischt der Wind vom Tal auf und faucht leise, wenn er über das Gras an den Flanken der Hänge streift, über die Baumwollfelder, die abgeernteten Äcker und einen Hain mit jungen Olivenbäumen. Und doch müssen die Menschen der Gegend spüren, dass dieser Ort etwas Besonderes hat. Wieso sonst hätten die Bauern aus den Dörfern im Tal ausgerechnet hier, am Gipfel des Göbekli Tepe, bunte Wunschbänder an einen einsam stehenden Maulbeerbaum gebunden?

Als der Archäologe Klaus Schmidt vor 16 Jahren zum ersten Mal zum Göbekli Tepe fuhr, erfasste er mit einem Blick, welch großartige Stätte hier wenige Kilometer vor den Toren der türkischen Großstadt Sanliurfa liegt. Heute weiß man: Sie besteht aus 20 gewaltigen Steinkreisen mit 200 kunstvoll behauenen Pfeilern und meterhohen Skulpturen. Die Anlage ist größer als Stonehenge in Südengland und 7000 Jahre älter. Vor 12 000 Jahren war der Berg das Zentrum einer heute längst vergessenen Welt, jetzt beginnt er langsam seine Geheimnisse zu verraten. Mittlerweile ist klar, dass Göbekli Tepe einer der Urorte der Zivilisation war. Hier haben die Menschen die ersten Tempel errichtet, möglicherweise die ersten Götterstatuen. Und es ist der Ort, an dem sie eine ihrer wichtigsten Erfindungen überhaupt gemacht

18. SÜDDEUTSCHE ZEITUNG, 10. Dezember 2010.

haben: Die Landwirtschaft. Wer weiß, was »der bauchige Bauch«, wie der Göbekli Tepe auf Deutsch heißt, noch so in sich birgt? »Hier ist noch Arbeit für 50 Jahre«, sagt Klaus Schmidt. Er ist gut gelaunt, hat er doch gemeinsam mit dem Präsidenten des Deutschen Archäologischen Instituts (DAI) 113 000 Euro aufgetrieben, mit denen der türkische Staat das anliegende Land erworben hat. Nun dürfen die Bauern aus dem Lehmziegeldorf Örencik Köyü die Hänge nicht länger mit ihren Traktoren beackern und so die Anlage gefährden. Gut investiertes Geld, auch für Schmidt, denn im Gegenzug darf er weitergraben. Am Berg seines Lebens.

An diesem Tag hat er auf dem Kopf ein helles Tuch locker zu einem Turban gebunden, um sich vor der immer noch heißen Herbstsonne zu schützen. So läuft er den ganzen Tag lang über den Berg. Er treibt die türkischen Arbeiter an, berät sich mit seinen Studenten, dokumentiert im Bauwagen wichtige Funde, beantwortet an seinem Laptop E-Mails, hält Besucher bei Laune und versucht, das große Ganze nicht aus den Augen zu verlieren. Auf geomagnetischen Aufnahmen, die Strukturen von Bauwerken bis etwa einen Meter unter der Oberfläche zeigen, sind bisher unentdeckte gewaltige Strukturen zu sehen. Vier Tempelanlagen sind bereits ausgegraben, nun hat Schmidt an weiteren drei Stellen die Erde öffnen lassen. Die Arbeiter tragen gerade vorsichtig auf Flächen von zehn mal zehn Meter die oberste Schicht ab. Die Erde fahren sie mit einem alten, ratternden Traktor auf eine Halde unterhalb des Berges. Ein kreuzförmiges Zepter und ein handtellergroßes, in Stein gemeißeltes Gesicht sind an diesem Tag aufgetaucht. »So ein Gesicht hatten wir noch nie«, sagt Schmidt.

Es gibt wenige Orte mit einer solchen Fülle an Funden. Wenn die Sonne richtig steht, sieht man die Überbleibsel der ersten Steinmetze glitzern – zu hunderten liegen die Feuersteinklingen am Hang. In manchen Steinzeithöhlen wird jeder einzelne Keil vermessen, hier transportiert man die alten Werkzeuge in Kübeln ab. Die Forscher witzeln darüber. Sogar der Wachhund heißt Silex, nach dem Fachbegriff für Feuerstein. Erst zwei Tage zuvor ist weiter oben eine zwei Meter hohe Säule mit einem Raubtierkopf an der Spitze geborgen worden. »Eine Weltsensation«, sagt der gebürtige Franke Schmidt. Aus Sicherheit hat er die Säule ins Grabungshaus bringen lassen. Dort liegt sie unter einem Tuch. Es ist ein Meisterwerk, aus einem Stück gearbeitet. Die Pranken des Raubtiers halten einen Menschen, dessen

Gesicht abgeschlagen ist. Darunter tauchen zwei weitere Gesichter auf. »Offenbar dominiert das Tier den Menschen«, sagt Schmidt. Um die Säule schlängeln sich Schlangen mit dreieckigen Köpfen, die hochgiftigen Levante-Ottern. Aus dieser Zeit gibt es weltweit nichts Vergleichbares. »Der Göbekli wird bald zum Weltkulturerbe ernannt«, sagt Schmidt beiläufig. Während die Ringanlage in Stonehenge aus vergleichsweise simplen, unbehauenen Menhiren besteht, waren in Göbekli Tepe die ersten Ingenieure im Einsatz. Mit ihrem Masterplan instruierten sie die Steinmetze, die mit ihren Feuersteinmeißeln kunstvolle Pfeiler aus dem Kalkstein schlugen. Auf dem geglätteten Stein finden sich Reliefs wilder Tiere, Schlangen, Füchse, Löwen, Wildschweine, Kraniche von großer künstlerischer Qualität. Sogar ein jagender Hund ist zu sehen – der älteste Bildbeleg für ein gezähmtes Tier. Dazwischen Symbole wie ein Kreis, ein C, ein gestürztes H oder etwas, das wie der stilisierte Schädel eines Auerochsen wirkt.

Wer auf dem Kalksteinplateau westlich der höchsten Erhebung mit dem Wunschbaum steht, der ahnt, welche Leistungen die Menschen damals vollbracht haben. Es ist der Steinbruch für die Pfeiler, die im Inneren des Berges liegen. Zwischen blankem Fels wächst spärliches Gras. Nahe einer Kante, die steil ins Tal abfällt, liegt flach ein riesenhaftes T. Rund um das zerbrochene Felsstück ist ein Graben ausgehöhlt. Der war nötig, um Steinkeile unter die Pfeiler treiben zu können. Der gewaltige Block, 50 Tonnen schwer, 7 Meter hoch, war dann doch zu groß. Niemand weiß, ob der Klotz überhaupt zu bewegen gewesen wäre. Schon für normale Pfeiler, rund zehn Tonnen schwer, waren rund hundert Menschen nötig, um sie aus dem Steinbruch zu holen und in der Anlage aufzurichten. Kein geebneter Weg führte hinüber zu den Kreisanlagen, kein Pferd oder Esel war damals gezähmt, kein Metall stand zur Verfügung, um den Pfeiler aus dem Fels herauszuschlagen. Wie lange die Produktion eines Pfeilers gedauert hat, sollen demnächst Experimente klären. Archäologen um Claudia Beuger von der Universität Halle versuchen, selbst Pfeiler aus Kalkstein zu bauen und testen dabei Feuersteinwerkzeuge. Vermutlich vergingen Monate, ehe eine Anlage fertig war. Monate, in denen die Steinmetze nicht jagen konnten, in denen der Rest der Sippe sie versorgen musste. Purer Luxus also, und nur zu bewältigen, wenn sich die Gruppenmitglieder die Arbeit untereinander aufteilten.

Die Anlage beeindruckt umso mehr, wenn man bedenkt, dass die Wildbeuter vor 12 000 Jahren am Ende der Eiszeit noch keinerlei andere Bauten errichtet hatten, abgesehen von ein paar Hütten aus Mammutknochen. »Der Göbekli entstand wie aus dem Nichts«, sagt Schmidt. »Viele Fertigkeiten haben die Menschen erst hier entwickelt.« Seit 16 Jahren fasziniert ihn die Frage, woher dieser Entwicklungsschub kam. Vielleicht findet sich die Antwort auf einer Zeitreise zurück in die Steinzeit, in das Hügelland zwischen den Oberläufen der Flüsse Euphrat und Tigris. An den Hängen wachsen Pistazienbäume, in den endlosen Savannenlandschaften fressen sich riesige Herden von Kropfgazellen satt, ein paar Wildesel und Wildschweine, Hirsche und Hasen; im Schatten der Bäume lauern Leoparden. In den Auwäldern der Flusstäler des Euphrats und seiner Nebenflüsse leben Auerochsen. In dieser Landschaft, an den Hängen des erloschenen Vulkans Karaca Dag, in etwa 80 Kilometern Entfernung von Göbekli Tepe, domestizierte die Menschheit vor ungefähr 11 000 Jahren das Getreide. Forscher konnten mittels DNS-Analyse nachweisen, dass hier das Einkorn wuchs, eine Art Urweizen. Es war eine Innovation, die den Lauf der Geschichte ändern sollte und schon bald in großem Maßstab betrieben wurde. »Wir müssen uns von der Vorstellung verabschieden, dass die Menschen damals kleine Felder angelegt haben«, sagt Schmidt. »Sie kontrollierten riesige Flächen.« Dort wuchs das Getreide von selbst, und wichtig war nur, die Nahrungskonkurrenten, die Gazellen und Wildesel, zu vertreiben oder eben zu jagen. »Wer konnte das besser als Jäger und Sammler«, fragt Schmidt. »Sie haben begonnen, das Land zu managen, bevor sie sesshaft wurden.« Der Jäger war also der erste Bauer. Er sorgte dafür, dass die Wildpferde kräftig wuchsen. Erst nach Jahrhunderten begann er, die größten gesammelten Körner auszusäen.

Die üppigen Lebensbedingungen damals erlaubten es den Menschen, sich zu entwickeln. Sie teilten sich die Arbeit, lernten, Nahrung zu lagern, möglicherweise brauten sie Bier. Sie begannen über sich hinauszudenken. Sie stellten elementare Fragen: Woher kommen wir, wohin gehen wir, warum sind wir überhaupt da? »Göbekli Tepe ist ein heiliger Ort«, sagt Schmidt. »Die T-Pfeiler erzählen vermutlich Geschichten von der Entstehung der Welt.« Der Berg sei das spirituelle Zentrum dieser steinzeitlichen Gesellschaft gewesen. So würden sich viele Fragen klären: Was wollten die Jäger auf diesem Berg, wo es kein Wild, kaum Nahrung und Wasser gab? Warum errichteten sie keine Wohnbauten? Warum klopften hunderte Männer Pfeiler aus dem Fels, wuchteten die Kolosse den Hügel hoch, den sie im Lauf der Jahrtausende immer höher türmten? Denn offensichtlich wurden die Kreisanlagen immer nur für kurze Zeit benutzt und dann wieder zugeschüttet – 15 Meter in die Höhe und 300 Meter im Durchmesser ist der Berg in 2000 Jahren gewachsen.

Die religiöse Deutung führt zugleich zu einer neuen Vermutung, wie sich eine Gesellschaft entwickelt: Demnach haben Menschen heilige Anlagen gebaut, noch ehe sie sesshaft wurden. »Zuerst kommt der Tempel, dann die Stadt«, lautet das Zitat, dem Schmidts Kollegen nicht zustimmen wollen. »Ein paar haben gedacht: Jetzt dreht der Schmidt total durch«, sagt er und lacht. »Aber bis heute hat mich niemand widerlegt.« Viele Menschen glaubten, dass Dörfer langsam zu Städten gewachsen seien. »Das ist falsch«, ist der Archäologe überzeugt. Menschen im Dorf wollen unter sich bleiben, das sei eine hermetische Welt. Eine Stadt habe von Anfang an einen anderen Geist. Hat er Recht, waren die religiösen Anlagen und die mit ihnen verbundenen Rituale die Keimzelle der Zivilisation.

Über die Inhalte dieser Religion kann man nur spekulieren. »Der Göbekli Tepe ist ein Ort des Todes«, vermutet Schmidt. Kein einziges Fruchtbarkeitssymbol findet sich hier, keine Frauenfigur. »Frauen stehen für Fruchtbarkeit und damit für das Leben«, sagt Schmidt. »Ihr Ausbleiben verweist auf das elementare Pendant, den Tod. An diesem Berg geht es um den Übergang ins Jenseits.« Ob tatsächlich Menschen hier bestattet wurden, ist noch nicht klar. Unter Terrazzoböden und Steinplatten könnten Knochen liegen. In den Tempelanlagen hat Schmidt Skelettreste von Geiern und Krähen gefunden. Vielleicht dienten die Toten den Vögeln als Nahrung. Doch zu düster soll das Bild nicht werden. Die großen Zeremonien stellt sich Schmidt eher wie ein rauschhaftes Gelage vor, ein olympisches Treffen, das Monate dauerte, bei dem die Sippen mit Obsidian und Fellen handelten, wo sie Salz tauschten und Frauen. Woher weiß er das alles? »Wir wissen es nicht, alles was wir haben, sind die Funde«, sagt Schmidt. »Wir müssen uns diese Welt neu erarbeiten.« Langsam tastet er sich vor, versucht die Anlage zu entschlüsseln. Drei Untersuchungsebenen beschreibt er beim Gespräch vor dem Grabungsbauwagen, in dem ein junger Kurde Tee kocht und die Zwischenmahlzeiten für das Grabungsteam bereitet. »Die T-Pfeiler sind Wesen aus einer anderen Welt«, sagt Schmidt. Die Tiere auf den Reliefs stehen in Bezug zu ihnen, sie bilden eine mythologische Welt ab, erzählen eine Schöpfungsgeschichte. »Die Zeichen sind Symbole, deren Bedeutung wir noch nicht kennen«, erklärt Schmidt. Möglicherweise sind sie die ersten Belege für Schrift weltweit.

Zwei der größten Anlagen sind mittlerweile vollständig ausgegraben. Die Architektin Katja Piesker vom DAI untersucht gerade die Raumstruktur. »Die ganze Aufmerksamkeit ist nach innen gerichtet«, sagt sie. Jeweils zwei Pfeiler stehen frei in der Mitte, sie sehen mit dem T-förmigen Kopf, zwei angedeuteten Händen an den Seiten und einem Gürtel in der Mitte wie menschliche Wesen aus. Alle Tiere auf den umgebenden Pfeilern schauen zur Mitte des Raums. Ein idealer Raum für Zeremonien, der nur Platz für relativ wenige Menschen bot. Ein zartes Klopfen auf dem fast sechs Meter hohen Pfeiler erzeugt einen anhaltenden Klang. War diese Akustik von Bedeutung?

Der Berg gibt noch viele Rätsel auf. Was etwa verbirgt sich in den älteren Schichten im Inneren des Bergs? Vielleicht bis zu 17 000 Jahre alte Monumente? So alt sind die Malereien von Lascaux. »Der Berg hat schon so viele Überraschungen gebracht«, sagt Schmidt und zuckt die Schultern. Er hat Zeit. Jetzt versucht er erst einmal zu klären, was die Zeichen und Bilder bedeuten. Dann findet er vielleicht noch heraus, warum der Göbekli Tepe vor 10 000 Jahren verlassen wurde. Die Menschen brauchten ihren Berg nicht mehr. Sie zogen in Häuser, brachen mit den Ideen ihrer Ahnen – und schütteten den Berg endgültig zu. Bis ihn die örtlichen Bauern vor Jahrzehnten mit Pflügen bearbeiteten und so an der Oberfläche des Heiligtums kratzten.

2.3 Zwischenstopp Arabien[19]

Mit der Frage, ob der Homo sapiens Afrika über das rote Meer verließ, springen wir nun noch weiter zurück: an die Orte, die wir unsere Geburtsorte nennen können.

»Ein paar Steinwerkzeuge nur, vergraben zwischen Stein und Schotter – ein primitives Beil, Schaber und Locher –, was man halt

---

19. SÜDDEUTSCHE ZEITUNG, 28. Januar 2011.

so benutzte als technisch aufgeschlossener Hominide der letzten Zwischenzeit. Nichts, was Paläoanthropologen normalerweise sonderlich aufgeregt hätte, wäre da nicht der Fundort: ein Felsvorsprung in der Grabung Jebel Faya im Osten der Vereinigten Emirate, nur 55 Kilometer entfernt vom Persischen Golf. Mit dem so genannten Luminiszenzverfahren ermittelte Simon Armitage vom Royal Holloway College der Universität London das Alter der Funde und bestätigte den Verdacht: Die Artefakte erwiesen sich tatsächlich als 100 000 bis 125 000 Jahre alt. Und das könnte eine kleine Sensation sein. »Unsere Funde werden die Frage neu entfachen, auf welche Weise der moderne Mensch zu einer globalen Spezies wurden«, sagt Simon Armitage.

In der aktuellen Ausgabe der Fachzeitschrift Science (Bd. 331, S. 453, 2011) skizzieren die Forscher um den Archäozoologen Hans-Peter Uerpmann von der Universität Tübingen, wie der vorgeschichtliche Werkzeugsatz die Sicht der menschlichen Migration verändern könnte. Nach der derzeit gängigsten Theorie entwickelte sich der anatomisch moderne Mensch, so wie man ihn bis heute auch aus deutschen Fußgängerzonen und Büros kennt, vor ungefähr 200 000 Jahren in Ostafrika. Erst vor 60 000 Jahren sei er dann nach Norden gewandert und entlang des Mittelmeers sowie der arabischen Küste in die restliche Welt aufgebrochen. Der neue Fund ist nun nach Ansicht der Studienautoren ein deutlicher Beleg dafür, dass Homo sapiens die arabische Halbinsel bereits vor 125 000 Jahren besiedelte und dabei auch nicht den weiten Weg über das Nil-Tal und den Nahen Osten, sondern die Abkürzung über die Meeresenge am Südende des Roten Meeres genommen hat.

Diese Argumentation funktioniert allerdings nur dann, wenn die gefundenen Werkzeuge tatsächlich von modernen Menschen gefertigt wurden und nicht etwa von Neandertalern. »Ich bin überhaupt nicht überzeugt«, kommentiert daher skeptisch der Archäologe Paul Mellars von der Universität Cambridge die Studie. »Es gibt nicht die Spur eines Beweises, dass sie von modernen Menschen gemacht wurden.«

Zwar gesteht auch Studienautor Uerpmann, dass man eigentlich fossile Knochen der frühen Auswanderer bräuchte, »bevor wir absolut sicher sein können«, dass in Jebel Faya Angehörige der Gattung Homo sapiens gelagert haben. Anderseits haben die Wissenschaftler eine Reihe von Indizien gesammelt, die ihre Hypothese zumindest plausibel erscheinen lässt. So gleichen die Klingen und die kleinen Handäxte jenen, die man in der gleichen Zeit in Ostafrika benutzt hat, als dort Homo sapiens lebte. Zudem fanden Paläoanthropologen bis heute keine Hinweise dafür, dass Neandertaler damals ihren bekannten Lebensraum in Europa und Nordasien verlassen hatten. Und die aus dem Nahen Osten bekannten Werkzeuge des frühen modernen Menschen sind kunstvoller gefertigt als die jetzt entdeckten Funde.

Darüber hinaus hat das Team um Uerpmann aus vorliegenden Daten das Klima der Region und die Höhe des Meeresspiegels zur fraglichen Zeit rekonstruiert. Dabei kamen die Forscher zu dem Schluss, dass die Meerenge Bab al-Mandab zwischen der Arabischen Halbinsel und dem Horn von Afrika vor 130 000 Jahren wegen des eiszeitlich bedingten, niedrigeren Meeresspiegels enger und leichter zu überqueren war als heute. »Wir nehmen an, dass es nur vier oder fünf Kilometer waren«, sagt Uerpmann. »Die Menschen könnten Flöße oder Boote benutzt haben, die sie zu der Zeit sicher schon bauen konnten.« So scheint es wahrscheinlich, dass irgendwann ein Mensch am Wasser stand und zum ersten Mal den Gedanken fasste, zu einem Ufer vorzustoßen, an dem zuvor noch niemand gewesen war. Es muss ein attraktives Ziel gewesen sein, denn die Arabische Halbinsel war der Rekonstruktion zufolge grün und fruchtbar, durchzogen von Seen und Flüssen, bewohnt von jagdbarem Wild und Gazellen, wilden Eseln und Steinböcken. Somit konnten die frühen Auswanderer trotz ihrer primitiven Gerätschaften wahrscheinlich recht gut in einer Landschaft bestehen, die heute in weiten Teilen lebensfeindliche Wüste ist.

Die Studie könnte den Autoren zufolge auch Licht in ein weiteres prähistorisches Rätsel bringen, die Frage nämlich, wo die Erde bereits besiedelt war, als vor 74 000 Jahren in der vielleicht größten Naturkatastrophe der letzten zwei Millionen Jahre der Vulkan Toba auf der indonesischen Insel Sumatra ausbrach. In der durch den Staub bedingten jahrelangen Eiszeit starb womöglich ein Großteil der damals lebenden Menschen. Unklar ist dabei, wie Werkzeuge aus dieser Zeit zu deuten sind, die im südindischen Jwalapuram gefunden wurden. Manche Forscher schreiben sie dem Homo erectus zu; andere glauben, dass sie von modernen Menschen gefertigt wurden, die sich getrennt in Asien entwickelt hatten und erst durch die Toba-Katastrophe ums Leben gekommen sind. Die neuen Ergebnisse stützen eine weitere Theorie: Vielleicht sind manche Menschen von der Arabischen Halbinsel noch weiter gewandert, über die wegen des niedrigen Meeresspiegels ebenfalls leicht zu passierende Straße von Hormus weiter nach Iran und Indien.«

2.4 Die Geburtsstunde der Urmenschen

Eine neu entdeckte Hominiden-Art ist vielleicht ein entscheidendes Bindeglied im Stammbaum des Menschen.»Die kleine Frau, vielleicht Ende zwanzig, streift mit dem etwa 13-jährigen, fast gleich großen Jungen durch die zerklüftete, bewaldete Hügellandschaft. Sie suchen nach Wasser. Die Trockenheit und die Hitze der südafrikanischen Sonne haben den Fluss weiter unten am Hang versiegen lassen. Sie hoffen, in einer der Höhlen im Berg Wasser zu finden, vielleicht in einem unterirdischen Becken. Doch dann übersehen die beiden die Öffnung im Boden. Sie fallen 10 bis 15 Meter in die Tiefe. Dicht beieinander bleiben sie liegen.

Das Unglück von damals ist das Glück der Forscher von heute, insbesondere des Anthropologen Lee Berger von der Universität Witwatersrand. Im Höhlensystem von Malapa in Südafrika, 40 Kilometer nördlich von Johannesburg, hat er die knapp zwei Millionen Jahre alten fossilen Überreste der beiden Hominiden gefunden. Zähne, zahlreiche Knochen, die Kiefer und ein kompletter Schädel sind erhalten. Und sie sind Zeugen einer neuen Hominiden-Art, die Australopithecus sediba getauft wurde. So schaffte es die Nachricht vom Fund auf die aktuelle Titelseite der Fachzeitschrift Science.

Dass die Forscher die Höhlen überhaupt entdecken konnten, verdanken sie Google Earth. Lee Berger und sein Kollege, der Geologe Paul Dirks, begannen im März 2008 mit Hilfe der Software, einen Übersichtsplan aller bekannten Fundorte der Gegend zu erstellen, die als eine der »Wiegen der Menschheit« gilt. Bis zum Juli hatte Berger mittels der Satellitenaufnahmen und ergänzender Feldforschung 500 weitere Höhlen entdeckt, darunter rund 25 mit fossilen Überresten – ein gigantisches Ergebnis. Vor allem eine bis dahin unerforschte Formation im Tal von Grootvleispruit bei Malapa fiel ihm auf. Am 15.

August fährt der Anthropologe mit seinem 9-jährigen Sohn Matthew in die Region. Dieser entdeckt den ersten menschlichen Knochen, das Schlüsselbein eines Vormenschen. Schnell wächst die Zahl der Funde, die Höhle erweist sich als wissenschaftliche Goldgrube. Ein menschlicher Kiefer mit Eckzahn taucht auf – er gehört zu dem etwa 13-jährigen Jungen – und schließlich die Überreste einer erwachsenen Frau. 60 Wissenschaftler vermessen die Knochen, vergleichen sie mit anderen Fossilien und stellen fest: Es handelt sich um eine bislang unbekannte Art, möglicherweise ein entscheidendes Bindeglied im menschlichen Stammbaum.

Lee Berger wählte die Zusatzbezeichnung »sediba«, was in der einheimischen Sprache Sotho Quelle oder Ursprung bedeutet. Der Anthropologe deutet damit an, wie er selbst den Fund einordnet: »Ich glaube, wir haben es hier mit einem guten Kandidaten für die Übergangsart vom südafrikanischen Affenmenschen Australopithecus africanus entweder zum Homo habilis oder vielleicht sogar zu unserem direkten Vorfahren, dem Homo erectus, zu tun«, sagt Berger. »Wir gewinnen hier Einblick in eine kritische Phase der menschlichen Evolution, als die Hominiden den entscheidenden Schritt vom Leben auf den Bäumen hin zum Leben auf dem Boden machten.« Der Fund könnte also genau aus der Zeit stammen, als der Übergang zur Gattung Mensch stattfand. »Australopithecus sediba scheint ein Mosaik von Eigenschaften zu bieten, die uns ein Tier zeigen, das in beiden Welten zurechtkam.«

Sind die Forscher also zur Geburtsstunde der Urmenschen vorgestoßen? Beide Vormenschen waren 1,27 Meter groß, die Frau wog etwa 33 Kilogramm, der Junge 27 Kilogramm. Sie hatten relativ schmale Körper mit langen, kräftigen Armen und kurzen Händen. Schädel und Hüfte ähneln bereits denen der Gattung Mensch, die beiden Wesen konnten bereits aufrecht gehen. Mit ihren langen Beinen liefen sie möglicherweise ähnlich wie heutige Menschen. Doch ihr Gehirn war noch deutlich kleiner: Mit 420 Kubikzentimetern hatte es weniger als ein Drittel des Volumens eines Homo-sapiens-Hirns – kaum größer als das eines Schimpansen. Die Zähne hingegen sind ähnlich groß wie jene von frühen Exemplaren der Gattung Mensch. Der Oberkörper wiederum gleicht in seinen Proportionen noch den Australopithecinen. Die Forscher beschlossen deshalb, wie sie sagen, »konservativ zu bleiben«, und ordneten die beiden der Gattung Australopithecus zu – trotz der Homo-Merkmale. Beim Alter der Funde herrscht Sicherheit. Die Forscher konnten aufgrund des Gehalts und der Isotopenverhältnisse der Elemente Uran und Blei im umgebenden Gestein das Alter auf 1,78 bis 1,95 Millionen Jahre datieren.

Ob die neue Art Werkzeuge benutzt hat wie etwa der Homo habilis, lässt sich nicht sagen, auch nicht, ob sie bereits in die Zukunft planen konnte. Doch sie unterscheidet sich klar vom Homo erectus, dessen Entwicklung ebenfalls vor rund 2 Millionen Jahren begann. Dieser Newcomer mit seinem kräftigen, großen Skelett und dem massiven Schädel hatte als erster Frühmensch ein stattliches Gehirn von bis zu 1300 Kubikzentimetern. Der Turkana-Boy, ein berühmtes Skelett vom Ostufer des Turkana-Sees in Nordkenia, maß bereits 1,62 Meter. Und der Homo erectus konnte die Savanne durchqueren, jagen und vielleicht schon rennen. Hier war allerdings der jetzt entdeckte Australopithecus sediba auf einem guten Weg: Der Junge und die Frau konnten aufgrund ihrer verbesserten Motorik wohl schon schnell gehen, womöglich ein Grund, warum sie die Höhlenöffnung übersahen und in die Tiefe stürzten.

Fast zwei Millionen Jahre lagen die kleine Frau und der Junge seither in der Kalksteinhöhle. Nur einmal, kurz nach ihrem Tod, muss ein mächtiges Unwetter so viel Wasser in die Öffnungen gepeitscht haben, dass die Fluten die menschlichen und tierischen Überreste tiefer hinunter in das Höhlensystem schoben, bis sie rund 50 Meter unter der Erde in einer Art Pool landeten, der mit Wasser gefüllt war. Dieser trocknete aus, Sediment und Knochen versteinerten langsam. An der Oberfläche trug der Wind über die Jahrmillionen den Hügel ab, sodass die Ausgrabungsstätte heute nur noch wenige Meter tief liegt.

Vor zwei Millionen Jahren war die Gegend mit einer Mischung aus Wald und offener Graslandschaft bedeckt, die Flüsse und Bäche hatten sich noch nicht so tief ins Kalkgestein gegraben wie heute. Heute ist die Landschaft stark zerklüftet, Grashänge fallen steil hinab zu den Flussläufen. Dazwischen ragen einzelne Kalksteinfelsen auf, von denen viele Höhlen in sich bergen. Das Höhlensystem von Malapa hat eine Ausdehnung von 500 mal 100 Metern, es zieht sich entlang einer Hügelflanke bis auf eine Höhe von 1450 Metern. Die Höhlen werden tiefer, je weiter oben sie am Hang liegen. Bis zu 30 Meter geht es an manchen Stellen hinab in einen dunklen Schlund. Die Forscher mussten sich abseilen, um an die Ausgrabungsorte zu gelangen. Wer die Löcher am Boden übersieht, kann auch heute tödlich abstürzen. Nicht nur die beiden Hominiden seien dort verendet, schreiben die Forscher, sondern auch einige dort damals lebende Tiere, deren Skelette sich im Höhlensediment fanden: Eine Katze mit Säbelzähnen, eine Wildkatze, eine braune Hyäne, ein Wildhuhn, Kaninchen, Antilopen und sogar ein Pferd. Wie genau sie dahin kamen, darüber lässt sich nur spekulieren. Dennoch tragen auch diese Überreste dazu bei, die Urzeitlandschaft nach und nach zu rekonstruieren. Tierische Knochenfunde erlauben den Forschern einen Einblick in die frühe Fauna, mit Pollen können sie die Vegetation bestimmen. Mit jedem neuen Fund lässt sich so die Frage, wo wir Menschen herkommen und wie unsere Gattung entstand, besser beantworten.«[20]

2.5 Warum die Evolutionstheorie den Glauben an einen Schöpfer sogar bereichern kann

Mehr und mehr werden die skizzierten Erkenntnisse für mich zu einem Segen für die Theologie. Damit stehe ich allerdings in Opposition zu manchen Christen und Naturwissenschaftlern, besonders zu denen, die fundamentalistisch argumentieren und die Evolutionstheorie und Religion als unvereinbar erklären. Schon vor Jahrzehnten, schreibt die Süddeutsche Zeitung,[21] schien die Kluft zwischen Evolutionstheorie und Schöpfungsglaube überwunden. Damals war es für aufgeklärte Christen unter dem Einfluss des französischen Jesuiten und Paläontologen Pierre Teilhard de Chardin (1881–1955) fast selbstverständlich geworden, an eine »Schöpfung durch Evolution« zu glauben.

Inzwischen wird dieser Ansatz von Kreationisten wie Darwinisten gleicherweise mit Naserümpfen quittiert. Sie sei ein untauglicher Versuch, christliche und naturwissenschaftliche Weltanschauung zu versöhnen. Angesichts dieser Situation scheint sich auch die katholische Kirchenleitung ihrer alten Ressentiments gegen Teilhard zu erinnern. Der unselige Artikel Kardinal Schönborns über das Design in der

---

20. SÜDDEUTSCHE ZEITUNG, 9. April 2010.
21. SÜDDEUTSCHE ZEITUNG, 29. September 2009.

Natur, der 2005 in der New York Times erschien, ist ein erschreckendes Beispiel dafür. Der Text bleibt ein bezeichnendes Dokument der Evolutionskritik.

Einmal ärgert den Kardinal (und vermutlich nicht nur ihn) die große Resonanz, welche die Ansprache von Johannes Paul II. vor der Päpstlichen Akademie der Wissenschaften im Oktober 1996 gefunden hat. Darin hat der Vorgänger Benedikts die Evolution »mehr als eine Hypothese« genannt. Für gewisse Kreise der Kurie war diese verhaltene Bemerkung ein zu großes Zugeständnis. Aus diesem Geist heraus schrieb Schönborn in seinem Artikel: »Die Evolution im Sinn einer gemeinsamen Abstammung (aller Lebewesen) kann wahr sein, aber die Evolution im neodarwinistischen Sinn – ein zielloser, ungeplanter Vorgang zufälliger Veränderung aus natürlicher Selektion – ist es nicht.« Woher nimmt ein Theologe die Autorität, darüber zu befinden, ob eine naturwissenschaftliche Theorie richtig oder falsch ist?

Ebenso wichtig scheint ein zweiter Punkt, auf den der Kardinal hinweist. Er erklärt nachdrücklich, dass die Kirche trotz aller Anerkennung der Evolution an der unmittelbaren Erschaffung der menschlichen Seele durch Gott festhält. Diese Lehrmeinung gibt er korrekt wieder, aber was ist von einer solchen Grenzziehung zu halten? Die »Erschaffung der menschlichen Seele« ist eine theologische Aussage. Daher muss das, was unter »Seele« verstanden wird, auch theologisch gedeutet werden, im Sinne einer unmittelbaren, besonderen Bezogenheit des menschlichen Geschöpfs auf Gott. »Seele« bezeichnet man auch etwas Diesseitiges: seelisches Empfinden, Psyche, Geistesleben. Diese Ebene wird von der theologischen Aussage aufgrund der Doppeldeutigkeit des Begriffs vereinnahmt. Die Kirche behauptet damit, der Mensch sei ohne Theologie nicht vollständig zu erklären.

Wie konfliktgeladen die Vermischung dieser Ebenen ist, zeigt ein Blick auf die Entstehung des Menschen. Der Theologe Karl Rahner hat das in drastischer Weise dargestellt. Nach klassischer Lehre würden die Eltern einen Affen erzeugen, der erst durch göttlichen Eingriff zum Menschen wird. Hinter diesem Anspruch auf die Deutungshoheit der menschlichen Natur kommt zum Vorschein, was der frühere Leiter der vatikanischen Sternwarte, George Coyne, als »nagging fear«, als quälende Angst der Kirche vor den Naturwissenschaften, bezeichnet hat. Schönborn zum Beispiel fürchtet, eine Auslieferung an den »Neodarwinismus« wäre gleichbedeutend mit dem Verzicht, die Welt als einen Ort göttlicher Weisheit und Zielsetzung zu begreifen. Hier zeigt sich eine immer wieder in römischen Verlautbarungen nachweisbare Angst vor der Freiheit der aufgeklärten Vernunft. Wenn sich der Mensch zum Maß aller Dinge macht, so die Vermutung oder besser das Misstrauen, gerät seine Selbsteinschätzung außer Kontrolle; er verliert jede Orientierung für sein Handeln. Nur durch den Glauben könne das Licht der Vernunft auf ein für ihn selbst erträgliches Maß gedimmt werden. Dem kann man durchaus etwas abgewinnen; es fragt sich nur, auf welche Weise diese Korrektur geschehen soll: durch Anlegen von Scheuklappen oder durch Aufzeigen einer eigenen Perspektive?

Wie befreiend ist im Vergleich zu einer solchen Geisteshaltung die Vision des Teilhard de Chardin. Er hat die Evolutionstheorie Darwins ins theologische Denken integriert. Er hat nicht gefeilscht, wie viele Anteile der Schöpfungsaktien an die Naturwissenschaften abgetreten werden können und wie viele die Theologie behalten muss. Nein, er hat die Evolution vollständig, ja bedenkenlos übernommen. Er beschreibt sie 1950 mit dem französischen Wort »dérive« (Strömung, Drift), in dem das Kontinuierliche, Unaufhörliche mitschwingt, dessen Kraft man kaum merklich ständig ausgesetzt ist wie dem Abdriften mit der Ebbe auf einem scheinbar ruhigen Meer. Evolution ist dann »ontologisch«, ein Attribut des Seins. Erst vor diesem Hintergrund wird die Formel »Schöpfung durch Evolution« mehr als ein billiges Versöhnungsangebot, das beiden Seiten zu ihrem Recht verhelfen möchte. Schöpfung geschieht »durch« Evolution – nicht »statt« und nicht »neben« ihr.

Was macht ein Schöpfer in einer evolutiven Welt? Er macht keine Dinge, sondern er macht, dass Dinge sich machen. Dieses »Dieu faisant se faire les choses« ist eine wirkmächtige und fruchtbare Formel Teilhards. Der Theologe Christian Kummer fasst sie in vier Elemente (vgl. Süddeutsche Zeitung, 29. Oktober 2009):

Gottes Schöpfertätigkeit ist von anderer Art als das Tun eines Handwerkers. Er ermöglicht die Dinge, aber weder dirigiert er sie, noch bastelt er sie zusammen. Die Dinge machen sich selber. Es ist wirklich die Aktivität der Dinge, die sie werden lässt. Schöpfung ist kein Ersatz für das Wissen um Ursachen. Das ist gerade für die Biologie im Hinblick auf die großen weißen Flecken etwa bei der Entstehung des Bewusstseins wichtig. Machen, dass die Dinge sich machen, heißt auch, den Dingen das Vermögen zu verleihen, mehr zu werden, als sie aus sich heraus sind. Gott schafft keine Kreaturen, er verleiht Kreativität. Und dazu ist es nötig, dass er den Dingen zuinnerst ist. Er ist nicht der lockere Chef, der sagt:»Die können das schon alleine« und verschwindet, sondern der Anteil nehmende Chef, der sich trotz aller Freiheit, die er lässt, interessiert zeigt an allem, was geschieht, es fördert und bestärkt.

Der Schöpfer ist darum eben nicht fern, weggegangen, in seinem Himmel, sondern er ist gegenwärtig, überall und in allem. Gott ist ständig – ganz – verschenkt. Nikolaus von Kues nennt dies: Ausgefaltet-Sein in allem; davon wird noch die Rede sein. Das beinhaltet zweierlei: Er ist nicht nur gelegentlich und ein wenig präsent, sondern ständig und ganz. Und er besitzt Souveränität: Schenken setzt Freiheit und Selbstbesitz voraus.

So kann es immer klarer werden, warum die Evolution als ein Segen für die Theologie angesehen werden kann und nicht als Bedrohung. Eine solche Theologie steht überdies voll auf dem Boden der Bibel. Gewiss wäre es eine ahistorische Vergewaltigung, von einem mehr als zweieinhalb Jahrtausende alten Text evolutive Aussagen zu erwarten. Aber es kann nachdenklich machen, dass die Schöpfungserzählung des ersten Kapitels der Genesis ein Wort für»Schaffen« verwendet, das allein Gott vorbehalten ist. Das zeigt doch wohl das feine Gespür des biblischen Verfassers, dass göttliche Schöpfertätigkeit etwas anderes ist als menschliche Herstellungskunst. Die wohl bekannte Erzählung, wie der Mensch aus Ackerboden»gemacht« wird, ist kein Widerspruch dazu. Hier steht die mythologisch wichtige Gestalt des Töpfers im Mittelpunkt. Es geht mehr um das Hervorbringen von Gestalt aus dem Stoff, um den Prozess der Kreativität, als um das»Verfertigen« von Produkten. Das wird besonders deutlich durch den Bezug auf einen anderen biblischen Text (Jer 18,5), wo das Bild vom immer wieder neue Gefäße formenden Töpfer darauf abzielt, die Hoffnung auf Gottes erneuernde Kraft im Menschen lebendig zu halten.

Neben einem moralischen Appell lässt sich hieraus auch eine Aussage über den göttlichen Akteur gewinnen. Gott handelt seiner Schöpfung gegenüber wie ein Künstler, der eine ihn bewegende Idee verwirklichen will. Das geschieht erst in der Auseinandersetzung mit dem Stoff. Es braucht die Materie, damit die Idee Gestalt annimmt; die materielle Form ist mehr als nur eine Kopie des im Geist schon Vorhandenen. So wie der Künstler die Materie, den Stoff braucht, um seine Idee auszudrücken, braucht Gott die Eigentätigkeit der Geschöpfe, um seinen »Schöpfungsplan« hervorzubringen. Dieser Schöpfungsplan ist also nicht schon vor allen Zeiten minutiös festgelegt worden. Gott »braucht« Geschöpfe, um sich an sie zu verschenken und sie dadurch auf den Weg der »schöpferischen Einigung« mit ihm zu ermächtigen. Könnte sich Schönborn auf einen solchen »Schöpfungsplan« einlassen? Wohl nicht, wenn die Konsequenz davon lautet: In der modernen Kosmologie ist kein Platz mehr für Gott! Wie aber, wenn man mit dem Münchner Religionsphilosophen Richard Schaeffler darauf konterte: »Im Wallenstein ist auch kein Platz für Friedrich Schiller«? Er kommt darin nicht vor, und doch ist jede Seite von ihm. Entsprechend könnte Gott beim Lesen im Buch der Welt Kontur gewinnen wie ein Dichter in seinem Werk – vielschichtig zwar und auch widersprüchlich, aber darum nicht minder nachhaltig.

·

3. Vierbeinige Gefährten – vierbeinige Kollegen. Tiergestützte Pädagogik im Raphaelshaus (Gastbeitrag von Hans und Marie-Theres Scholten)

3.1 Vorbemerkungen

»Der Mensch ist auf den Hund gekommen!« ist eine gängige Redensart, wenn man einen Zeitgenossen beschreiben will, der sich in sozialer oder finanzieller Verelendung befindet. Diese negative Beschreibung passt schlecht in ein Jugendhilfezentrum, das den Namen des Erzengels Raphael trägt. Wird dieser Erzengel doch in der Kunst zumeist mit einem kleinen vierbeinigen Begleiter, einem Hund, dargestellt. Also sind sogar Engel »auf den Hund gekommen«. Im Jugendhilfezentrum Raphaelshaus sind die Fachleute auf viele Tiere gekommen und nutzen sie zur Unterstützung ihrer therapeutisch-pädagogischen Arbeit. Der Psychotherapeut Alexander Mitscherlich hat es einmal so ausgedrückt: »Der junge Mensch braucht seinesgleichen – nämlich Tiere, überhaupt Elementares, Wasser, Dreck, Gebüsche, Spielraum. Man kann ihn auch ohne das alles aufwachsen lassen, mit Teppichen, Stofftieren oder auf asphaltierten Straßen und Höfen. Er überlebt es, doch man soll sich dann nicht wundern, wenn er später bestimmte soziale Grundleistungen nie mehr erlernt.«[22] Von dieser Einsicht geleitet, nutzen wir unsere »vierbeinigen Mitarbeiter«, um unsere Mädchen und Jungen diese sozialen Grundleistungen und vieles andere zu lehren.

»Menschen werden zu Tieren«, sagt der Volksmund, wenn er besonders abscheuliches Verhalten von Menschen beschreiben will. Immer dann, wenn die ganze Brutalität unserer Spezies zu Tage tritt und unser Entsetzen und unsere Ohnmacht kaum noch die richtigen Worte finden, werden tierische Analogien gesucht. Egal ob es um das Massaker von Beslan oder Srebrenica, die Terrorangriffe von New York oder von Dafur geht – Kommentatoren greifen zu diesem Vergleich und beleidigen so unsere Mitgeschöpfe! Wenn man sich auf das

---

22. Alexander Mitscherlich: Die Unwirtlichkeit unserer Städte. Frankfurt am Main 1965, S. 23.

Tier, seine Art und seine Wesenheit einlässt, ist mehr von ihm zu lernen, als man sich in unserer vom Natürlichen entfremdeten Zeit gemeinhin vorstellen kann. Franz von Assisi beschreibt in seinem Gebet »Der Sonnengesang« die Schönheit der Schöpfung mit »Schwester Sonne«, »Bruder Wind«, und er stellt die Tiere als dem Menschen gleichgestelltes Werk des allmächtigen Herrn in seiner wundervollen Schöpfung dar.

Bei Thomas von Aquin keimt die Einsicht, dass Grausamkeit gegenüber der Kreatur auch zu Grausamkeit gegenüber Menschen führen kann. »Ein verändertes Verhalten des Menschen zu den Tieren wird auch Einfluss auf das Verhalten der Menschen untereinander haben«, sagt Martin Buber.[23] Eine Aussage, die unmittelbar in professioneller Tierpädagogik umgesetzt wird.

Mitunter machen wir die Erfahrung, dass Tiere nicht nur wertvolle pädagogische Helfer sind (ich vermeide absichtlich das Wort »Werkzeuge«), sondern auch »Lehrer« und »Coaches« für Erwachsene. Martin Buber beschreibt in seinem Werk »Das dialogische Prinzip« die Chance, »aus Willen und Gnade in einem, dass ich den Baum betrachtend, in die Beziehung zu ihm eingefasst werde, und nun ist er kein Es mehr. Die Macht der Ausschließlichkeit hat mich ergriffen.«[24]Eine ähnliche dialogische Beziehung kann zwischen Tier und Mensch entstehen, wenn der Mensch sich auf die Art, die Eigenart, die Natur und den Charakter des Tieres ihm gegenüber einlässt und mit Geduld seine Wesenheit ergründet. »Dabei tut nicht Not, dass ich auf irgendeine der Weisen meiner Betrachtung verzichte. Es gibt nichts, wovon ich absehen müsste, um zu sehen, und kein Wissen, das ich zu vergessen hätte. Vielmehr ist alles, Bild und Bewegung, Gattung und Exemplar, Gesetz und Zahl mit darin, ununterscheidbar vereinigt«, so Buber weiter.[25]

Dieses »dialogische Prinzip« kann man im Zusammenhang mit der Tierpädagogik auch als »Du-Evidenz« bezeichnen. »Mit Du-Evidenz bezeichnet man die Tatsache, dass zwischen Menschen und höheren Tieren Beziehungen möglich sind, die denen entsprechen,

---

23. Martin Buber: Das Dialogische Prinzip. Heidelberg 1979, S. 11.
24. Ebd.
25. Ebd.

die Menschen unter sich bzw. Tiere unter sich kennen«[26], beschreibt die Politikwissenschaftlerin Sylvia Greiffenhagen dieses Phänomen in der Therapie mit Tieren. Tiere helfen uns, heil zu werden, weil wir von ihnen so angenommen werden, wie wir sind. Sie spiegeln uns auf eine echte Art und Weise, wenn wir gelernt haben, ihre Körpersprache, Mimik und ihr Verhalten zu deuten.

Einer der großen Vorbilder des vergangenen Jahrhunderts, Albert Schweitzer, stand für die Ethik der »Ehrfurcht vor dem Leben«. Ihm wurde diese Ehrfurcht geradezu in die Person »geläutet«, als er widerwillig mit Kameraden in den Weinberg ging, um mit Schleudern Vögel zu schießen. Das Geläut der naheliegenden Kirche, das sich mit dem Vogelgezwitscher verband, ließ ihn die Zwille wegwerfen und die Vögel verscheuchen, um sie vor den Schleuderschüssen der Kameraden zu schützen. Albert Schweitzer schloss die Tiere jeden Abend von Jugend an in sein Gebet ein. Es lautete: »Lieber Gott, schütze und segne alles, was Odem hat, bewahre es vor allem Übel und lasse es ruhig schlafen.«

Die Achtung und die Ehrfurcht vor dem Leben schützen vor dem Zerstörenden und vor der maßlosen Überheblichkeit des Menschen gegenüber den Schöpfungsgenossen, die unseren Planeten mitbevölkern. Um wie viel ergreifender und schöner ist darum das Erlebnis, dass Tiere zu geduldigen und zärtlichen Helfern werden, die unerschütterlich und treu ihren Dienst an Kindern und Jugendlichen, an Mädchen und Jungen verrichten, deren Psyche und Körper in ihrer Biografie oftmals von Menschen geschädigt und verletzt wurden.

3.2 Das Raphaelshaus und seine Tiere

Seit über 100 Jahren ist das Raphaelshaus eine Jugendhilfeeinrichtung am Rand der Stadt Dormagen. Hinter alten Mauern wurden fortwährend neue konzeptionelle Ideen verwirklicht, sodass diese alte und erfahrene Institution heute ein modernes Jugendhilfezentrum mit zahlreichen Angeboten für Kinder, Jugendliche und deren Familien ist. Zu unseren Pädagogikkonzepten gehören unter anderem eine

---

26. Sylvia Greiffenhagen: Tiere als Therapie. In: Andrea Förster: Tiere als Therapie – Mythos oder Wahrheit? Stuttgart 2005, S. 7.

Förderschule, die Erlebnispädagogik, die Kinderzirkuspädagogik und die Tierpädagogik. So können wir den Mädchen und Jungen im Raphaelshaus vielfältige Lösungsmöglichkeiten für die positive Bewältigung ihrer Zukunft bieten. Auf dem großzügigen, dorfähnlichen Gelände des Raphaelshauses sind viele verschiedene Einrichtungen und Dienste untergebracht. Eine konzeptionelle Besonderheit ist die Tierpädagogik und der Bereich der Stallungen.

Die Ursprünge der Tierhaltung im Raphaelshaus liegen weit zurück. Als »Erziehungsanstalt für verwahrloste junge Menschen« wurde die Einrichtung 1902 gegründet. Da sie vom Staat nur sehr dürftig finanziert wurde, war sie zum Unterhalt auf Ackerbau und Viehhaltung angewiesen. Ein großer Rinderstall ermöglichte Milchwirtschaft. Neben den Hilfstätigkeiten wie Tiere hüten und Weidepflege gab es den Ausbildungsberuf zum Melker, der den Jungen angeboten wurde. Daneben hielt man Schweine, bis weit in die 70er-Jahre des vergangenen Jahrhunderts Hühner in einer großen Hühnerfarm und Pferde für die Transportarbeiten. Die damaligen Stallungen waren bauliche Keimzelle für die heutige Abteilung der Tierpädagogik im Raphaelshaus. Lange Jahre fristete die Arbeit mit den zwei bis drei Therapiepferden nur eine nachgeordnete Rolle neben einem größeren Privatstall, welcher der Einrichtung Einnahmen bringen sollte.

Ab 1990 wurde der Bereich Tierpädagogik gezielt ausgebaut und erweitert. Es gibt sowohl Außenboxen mit Paddocks als auch Boxen im Stallgebäude, eine Quarantänebox für kranke Tiere sowie einen Waschplatz außen und eine interne Waschbox. In der Stallhaltung wie auch in der Weidehaltung wird großer Wert darauf gelegt, dass die Tiere eine artgerechte Heimat finden, die sie zu geduldigen und gesunden »Mitarbeitern« des pädagogischen Geschehens machen. Was Einstreu und Futter betrifft, gilt diese Maxime ebenso. Der gezielte Einsatz von Mikroorganismen bewahrt die Tiere vor dem epidemisch auftretenden Husten im drückenden Kleinklima der Kölner Bucht.

Der Kamelstall für die beiden Kamelstuten ist nach außen offen, aber überdacht, da diese Tiere aufgrund ihrer Herkunft anfällig gegen nachhaltige Nässe sind. Auf ihrer Weide mit Unterstand befindet sich auch ein großer Sandplatz, der ihnen das geliebte Sandbad ermöglicht. Die kleine Lamafamilie wird auf einer Weide gehalten, die im Flachland des Niederrheins extra einen künstlich aufgeschütteten Hügel hat, um den springfreudigen und berggewohnten Tieren ein Stück Heimat zu geben. Ein umzäunter Reitweg rund um die Weide mit etwa einem Kilometer Länge lässt Ritte im Freien zu, ohne dass die Kinder und Jugendlichen mit den Tieren in die Gefährdungen der hohen Verkehrsdichte des Großraums Köln/Düsseldorf gelangen. Die angrenzenden Weiden und die Wiesen auf den Grünlandflächen zum Rhein hin geben ausreichend Ertrag für die Selbstversorgung mit Heu, das jährlich von Groß und Klein des Raphaelshauses eingebracht wird.

Der heutige Reitstall ist Magnet für die Kinder und Jugendlichen, die ihre Pflegetiere dort wissen. Er ist aber auch Ziel der Spaziergänger aus der Umgebung, die, zumeist mit ihren Kindern, die Tiere betrachten und den Betrieb des Reitstalls aufmerksam verfolgen. Von den nahe gelegenen Altersheimen kommen oft ältere Herrschaften mit dem Rollator oder Rollstuhl zu den Tieren. Die Alten drücken in der Begegnung oftmals eine ähnliche kindliche Freude aus, wie sie aus den Kinderwagen oder von den Dreirädern der Kinder erkennbar ist. Der Stall beherbergt über 10 Pferde, zwei Ponys, einen Muli, die beiden Kamelstuten und die Lamafamilie der Neuweltkameliden. Der Stallhund und die Labradorhündin des Leiters sind ebenfalls regelmäßig dort anzutreffen, genau wie die Stallkatze und eine Schar von etwa 20 Gänsen und dem Pfauenpaar. Gemeinsam mit den Fachleuten (Reitpädagoginnen, Pferdewirtschaftsmeister) und den Helfern wird hier – unter strenger Beachtung von Tierschutz und Sorgfalt – ein Teil dessen verwirklicht, was eine afrikanische Weisheit aussagt: »Es gehört ein ganzes Dorf dazu, Kinder zu erziehen.«

3.3 Angebotsformen der Tierpädagogik

Anfangs (zwischen 1987 und 1997) stützte sich die Tierpädagogik im Raphaelshaus fast ausschließlich auf die Pferde. Dies spiegelt auch die längere Geschichte und Erfahrung mit dem Heilpädagogischen Voltigieren und Reiten wider. Die erforderlichen Zusatzqualifikationen und Ausbildungen wurden in erster Linie vom Deutschen Kuratorium für Therapeutisches Reiten e.V. (DKThR) angeboten und in Anspruch genommen. Das Muli und der Esel kamen hinzu und schließlich auch – bewusst und gezielt – zwei Kamele, d.h. zwei mongolische

Trampeltiere (mit *zwei* Höckern). Mehr durch Zufall, aber mittlerweile als wertvolle Bereicherung erkannt, kam der Lamawallach ins Raphaelshaus. Er war ein Geschenk des Künstlers Otmar Alt, der seinen kleinen Privatzoo auflösen musste. Da Lamas schnell verkümmern und quasi an Kummer und »gebrochenem Herzen« sterben, wenn sie ohne Artgenossen sind, kauften wir für den Wallach eine junge Guanaco-Stute von einem vorbeifahrenden Zirkus. Nicht wissend, dass sie von einem »Zirkus-Hallodri« tragend war, kam 10 Monate später überraschend »Surprise« auf die Welt und komplettierte die kleine Familie. Alle Tiere sind heute in den Bereich der Tierpädagogik der Einrichtung eingegliedert und erarbeiten im wahrsten Sinne des Wortes ihr Futter und ihren Unterhalt in der pädagogisch-therapeutischen Arbeit mit den Kindern und Jugendlichen. Für die Wirkungen und Effekte von Tierpädagogik mag das folgende Beispiel exemplarisch gelten:

Erstmalig kam X., ein 14-jähriger Junge aus einer Tagesgruppe, mit den Tieren des Raphaelshauses im Ferienlager in Kontakt. Angeboten wurde eine kleine Wanderung durch den Schwarzwald mit zwei Kamelen und drei Lamas mit der Möglichkeit für die Jugendlichen, die Tiere zu führen bzw. zu reiten. Mit distanzierter Mimik kam X. an. Er wurde nicht müde klarzustellen, dass es sich bei diesem Angebot um ein sehr »uncooles« Unterfangen handele und er bedeutend lieber noch zu Hause im Bett liegen bzw. gleich nach dem Aufstehen mit seiner Playstation den Tag verbringen würde. Ein Lama zu führen oder gar ein Kamel, lehnte er ab. Die Labradorhündin an der Leine zu führen, war auf dem Hinweg dann das Äußerste seiner Hinwendung zum Angebot. Neugierig beobachtete er die Beziehungen der anderen Jugendlichen zu den Tieren während des Führens, und auf dem Rückweg war er bereit, ein Lama »an die Leine zu nehmen«. Verstohlen näherte er sich dem Tier an. Wohl wissend, dass es kopfscheu ist und keine Berührung an den Beinen mag, kraulte er vorsichtig und behutsam den Hals. Beim Führen unterwegs entspannte sich sein Gesicht, neben Blickkontakt nahm er auch Wortkontakt mit dem Tier auf, und schließlich »erwischte« man den coolen Jugendlichen beim gelösten Schmusen mit dem Lama. Die Wanderung dauerte ungefähr 3,5 Stunden. In dieser Zeit taute der in seine Coolness verstrickte Blockierer auf und wurde zum gelösten, aufmerksamen und auf Dialog bezogenen Tierführer.

Diese Beobachtung unterstreicht die grundlegende Aussage des Entwicklungspsychologen Erhard Olbrich: »Die Begegnung mit einem Tier besitzt eine Beziehungsqualität, welche auf unsere Lebensqualität positiv wirkt. Nicht das Tier an sich, vielmehr die freie Begegnung mit dem Tier und der Dialog mit ihm ist hilfreich, spricht u. a. Emotionen, Hormone an und setzt so Impulse für einen möglichen heilenden Prozess.«[27]

Die Pferde

Hier gibt es einerseits sportliche und andererseits therapieorientierte Angebotsformen. Im Sportbereich ist Reiten für Anfänger und Fortgeschrittene zu nennen. Hierzu gehören unter Umständen auch das Reiten im Gelände und das Anfängerreiten auf dem Führzügelpferd. Mehr dem pädagogisch-therapeutischen Bereich zugeordnet ist das Heilpädagogische Voltigieren (HPV). Es handelt sich dabei um pädagogisch-psychologische Interventionsformen über das Medium Pferd, die bei Kindern und Jugendlichen positive Verhaltensänderungen initiieren sollen. Während das HPV in erster Linie im Bereich der Kinder- und Jugenderziehung zu finden ist, enthält die Hippo-Therapie hauptsächlich medizinische Indikatoren und das Behindertenreiten wiederum ist spezifisch für gehandicapte Menschen gedacht. Die Zielgruppen des HPV umfassen Lern- und Geistigbehinderte, seelisch Behinderte, aber auch und im Raphaelshaus in erster Linie verhaltensauffällige Mädchen und Jungen. Dabei wird sowohl der motorische als auch der emotional-kognitive und soziale Bereich gezielt angesprochen. Zu den Zielen im motorischen Bereich gehören:

– Lockerung und Entkrampfung,
– Gleichgewicht und Koordination,
– Konzentration und Reaktionsfähigkeit,
– Beweglichkeit und Geschicklichkeit,
– Einfühlen und Loslassen.

---

27. Erhard Olbrich und Carola Otterstedt (Hrsg.): Menschen brauchen Tiere. Stuttgart 2003, S. 61.

Im emotional-kognitiven Bereich dient das HPV:
- der Schulung von Wahrnehmung,
- dem Annehmen von Frustrationen und Korrekturen,
- dem Umgang mit Ängsten,
- der Erhöhung des Selbstwertgefühls,
- der Verbesserung der Leistungsfähigkeit,
- dem Erlernen von Verantwortungsbewusstsein für die anvertraute Kreatur.

Im sozialen Bereich werden folgende Ziele mit dem HPV angestrebt:
- Regelakzeptanz,
- Anerkennung der Leistung anderer,
- Kompromissfähigkeit,
- Helfen und Hilfe annehmen,
- Beziehungsaufbau zum Tier,
- Aggressionsabbau.

Zur Erreichung dieser Ziele benötigen die Fachkräfte gut geschulte und geduldig vorbereitete Tiere. Zumeist handelt es sich um eigene Zuchterfolge im Raphaelshaus oder möglichst jung angekaufte Tiere. Die Eigenschaften der Pferde, die bei Kindern und Jugendlichen Wirkungen hinterlassen, sind ihre Einfühlsamkeit, ihr ästhetisches Erscheinungsbild, ihre Sensibilität für Stimmungen und Emotionen, die Reaktionen des Fluchttieres in Angst, Ungeduld und Unruhe, ihre Duldsamkeit und die völlige Freiheit von Vorurteilen und »Schubladen«. Tiere lesen keine Akten und nehmen jedes Menschenkind so an, wie es ist. Tiere überhaupt, aber in dieser Arbeit besonders die Pferde, sind gutmütig und ehrlich.

Die Selbst- und Körpererfahrung auf dem Tier trägt viel zu einem nachreifenden emotionalen Lernen bei, das bei den Mädchen und Jungen im Raphaelshaus aufgrund ihrer Lebensbiografie oftmals unterrepräsentiert ist. Beispiele: Sie erleben einen Körperkontakt und eine Form von Zärtlichkeit, die vollkommen unverdächtig ist im Gegensatz zu manchen negativen Erfahrungen, die sie in Ihrer Vergangenheit erlebt haben. Dem Pferd gegenüber dürfen selbst die Jungen zärtlich sein. Sie können streicheln, kuscheln, sich tragen lassen und genießen. Dies kann immer in dem Bewusstsein geschehen, dass es auch dem Pferd gefällt. Die jungen Menschen verlieren auf dem Pferd oftmals jede Anspannung und werden frei und fröhlich. Die starken Körperreize des Tieres, seine Wärme und sein Wiegen und Schaukeln, unterstützen Motorik und Balance, das Getragenwerden in herausragender Höhe stärkt das Vertrauen. Dies alles ergibt ein positives Daseinsgefühl im Kontakt mit dem Tier.

Die Kamele

Während das Pferd als Fluchttier eine gewisse Grundnervosität und Unruhe haben kann, die besondere Achtsamkeit und Reaktion des Menschen erfordert, sind die beiden »Wüstenschiffe« aus der Mongolei mit einem völlig anderen Charakter ausgestattet. Gelassen bis zum Stoizismus, anschmiegsam wie ein Hund und von kluger Lernaufmerksamkeit bringen sie neue Erfahrungen für junge Menschen mit sich, die sich gravierend von denen der Pferde unterscheiden. Ein langjähriger Experte im Umgang von Kamelen mit Menschen schreibt den Tieren folgende Attribute zu: »Sie [die Kamele] besitzen Eigenschaften, die wir uns erst mühsam wieder aneignen müssen: Gelassenheit, Genügsamkeit, Ausdauer, Zielstrebigkeit in unendlicher Zeit, und ... einen hohen Kuschelfaktor«[28], beschreibt der Tierarzt Tilmann Richter die Tiere seiner großen Kamelfarm im Taunus.

Ihre Exotik und ihr unerschütterliches Naturell bedürfen der Kenntnis und Einfühlsamkeit von Reiter oder Kamelführer. Ihre große und stolze Erscheinung bewirkt Achtung und Respekt. Die ruhige Ausstrahlung der Tiere und der eigenwillige Passgang lässt selbst hypermotorische Kinder innerhalb kurzer Zeit in Ruhe, ja manchmal sogar eine Art Trance oder Tagträume verfallen. Wer auf dem Kamel reitet, kann sich dem Reiz des gelassenen Wiegens nicht entziehen, und wer mit ihnen Wandertouren macht, merkt, dass nichts mit Gewalt und alles nur durch Beziehungsaufnahme, Zugewandtheit und Achtsamkeit geschieht. Dem Laien kann die Unterscheidung der Charaktere Pferd und Kamel vielleicht mit dem folgenden, nicht ganz ernst gemeinten Vergleich nähergebracht werden: Reitet man mit dem Pferd ins Gelände, ist es dankbar für Vertrautes und Bekanntes,

---

28. Tilmann Richter im Gespräch mit dem Verfasser im September 2010; s. auch www. larma-llamera.de.

da es als Fluchttier jeder Gefahr gerne aus dem Wege geht. Zweimal dieselbe Strecke zu reiten, ist kein Problem. Für ein Kamel bedeutet dies eine unzumutbare Langeweile. Zweimal dieselbe Strecke gehen bedeutet nichts Neues zu sehen, keine Abwechslung, keine neue Herausforderung. Von daher »unter der Würde« eines Kamels!

Die Lamas

Ein Beispiel aus der Praxis: Die Mädchen der Helen-Keller-Gruppe und die kleine Lama-Familie im Raphaelshaus haben sich schon länger angefreundet. Jeden Donnerstag steht eine Wanderung auf dem Programm, bei der die Mädchen die unterschiedlichen Tiere mit ihren unterschiedlichen Charaktereigenschaften kennen lernen. Ziel in dieser Woche war ein Altenheim. Schon seit Langem gibt es immer wieder Begegnungen zwischen den beiden Institutionen und den anvertrauten Menschen. Zaghaft und zögerlich staunten die Senioren über die Vierbeiner, die von den Mädchen in den Begegnungshof geführt wurden. Es dauerte nur eine kurze Zeit, bis sich die alten Menschen an den Mädchen ein Beispiel nahmen und mit den Tieren in Kontakt traten. Lamas haben keine Angst vor Rollatoren und Rollstühlen und spüren sehr genau, wenn die Kontaktaufnahme behutsam, vorsichtig und sensibel erfolgt. Selbst durch Räume, Fluren und Treppen können sie geführt werden, wenn sie zum Tierführer Vertrauen haben. Die Freude an den Neuweltkameliden und auch an den beiden Hunden war den Altenheimbewohnern ins Gesicht geschrieben. Zum Schluss mussten sogar die Buchsbaumhecken und schnell herbeigeholte Apfelstückchen zur Fütterung der Lamas herhalten.

In der persönlichen Begegnung zwischen Jung und Alt hörten die Mädchen viele Geschichten aus dem Leben der Omas und Opas. Sowohl die zweibeinigen als auch die vierbeinigen Besucher waren begeistert von der Visite bei den Alten in Horrem. »Lamas sind sehr geeignet für solche Formen der Mensch-Tier-Begegnung. Sie scheuen nicht, sie sind sehr behutsam in der Kontaktaufnahme und beantworten die Ängstlichkeit beim Gegenüber mit großer Sensibilität«, erklärt Marie-Theres Scholten, die verantwortliche Tierpädagogin des Raphaelshauses. Der Abschied fiel schwer, und die Mädchen nahmen sich vor, einen solchen Besuch zu wiederholen. Die Lama-Familie ist bestimmt einverstanden.

Lamas werden unseres Erachtens in Zukunft in der pädagogischen Arbeit mit Kindern und Jugendlichen eine größere Rolle spielen. Sie eignen sich aufgrund ihrer artspezifischen Verhaltensweisen besonders gut für den Einsatz, sind relativ anspruchslos und im Gegensatz zu Pferden einfach und kostengünstig zu halten. Lamas sind keine Reittiere, sondern Führtiere, die unter Berücksichtigung ihrer Belastungsgrenzen auch als Packtiere verwendbar sind. Nicht die Dominanz des Menschen steht im Vordergrund, sondern das von beiden Seiten her behutsam aufgebaute Interesse und Vertrauensverhältnis. Sie haben Freude an Aktivität, sodass sie sich gut für Spaziergänge und Wanderungen, aber auch für bestimmte Formen von wettbewerbsorientiertem Hindernisparcours sehr gut eignen. Die Lamas im Raphaelshaus sind die geborenen Zirkuskünstler und werden von daher regelmäßig in die Vorführungen unseres Kinderzirkus Varieté RAPHAEL integriert.

In der Tierpädagogik werden sie in erster Linie eingesetzt, um Kinder an Tiere heranzuführen. Beim Putzen der Tiere können die Kinder in Achtung vor dem distanzierten Charakter der Lamas langsam und behutsam eine Nähe aufbauen. Haben sie erst mal Vertrauen gefasst, sind Lamas richtige »Kumpels« für die Kinder und Jugendlichen, mit denen man allerlei Schabernack treiben kann und die für jeden Streich gut aufgelegt sind. Ein wertschätzendes Zitat aus der Zeitschrift GEO bringt es auf den Punkt: »Die Alte Welt verdankt der Neuen Welt (...) Schokolade, den Tabak, die Kartoffel und das Lama!«

Esel und Muli

Beides sind intelligente Tiere, die außerordentlich schnell lernen. Dabei ist es erforderlich, dass der Mensch, der mit den Tieren umgeht, von diesen als Leittier akzeptiert wird. Esel und Muli brauchen klare Strukturen und eindeutige Ansprache, die aber nie von Strafe und Gewalt geprägt sein darf. Insbesondere die Kleinen im Raphaelshaus sind begeistert von unseren beiden grauen Gefährten, und so gibt es sogar eine regelrechte »Esel-Schmusestunde« im Wochenverlauf. Dann trottet eine kleine Karawane aus den beiden grauen Begleitern und oftmals einem Pony durch das Raphaelshaus. Jedes Tier wird von einem Kind geführt. Zuweilen darf ein Kind auch darauf reiten. Damit für die anderen Nichtführenden und Nichtreitenden die Karawane nicht zu langweilig wird, trägt »Porthos«, der Poitou-Mischling, zwei Packkörbe, in die das Papier gesammelt wird, das links und rechts des Weges liegt.

Da die Tiere aus der Familie der Esel keine ausgesprochenen Fluchttiere sind und mit ihrer arttypischen Gelassenheit auch für Kinder und Jugendliche berechenbar bleiben, eignen sie sich sehr gut für die tierpädagogische Arbeit. Sie benötigen allerdings interessante und spannende Aufgaben, damit ihnen nicht langweilig wird. Sein gelassenes Verhalten macht den Esel zum geeigneten Führtier. Er ist ein Partner, der die führende Person zur sozialen Interaktion und zur Kommunikation herausfordert.

Hunde

Der Stallhund »Hannes« des Pferdewirtschaftsmeisters gehört zum Alltagsbild und ist mit dem ruhigen Charakter eines französischen Bouviers besonders geeignet für eine Jugendhilfeeinrichtung. Eine geborene Therapeutin ist dagegen die Labradorhündin »Candy«, die durch ihre freundliche Art der Liebling aller Kinder und Jugendlichen geworden ist. Sie gibt jedem zu verstehen, dass sie sich freut, gerade ihn oder sie zu begrüßen und dass es dieses Mädchen oder dieser Junge ist, dessen Existenz sie außerordentlich begeistert. Kommt ein Kinderwagen, ein Rollator oder gar ein Rollstuhl auf das Gelände, ist »Candy« sofort dort und weicht dem Gefährt und seinem Benutzer nicht mehr von der Seite. Sie verdeutlicht dem Menschen, dass sie sich über seinen Besuch freut und ihn gerne durch das Gelände begleitet und beschützt.

Die fast »paradiesischen Anklänge« auf dem Gelände lassen sogar zu, dass die Hunde sich mit der Stallkatze gut verstehen und die Jagd auf das Federvieh (Enten und Gänse) nur dann gemacht wird, wenn diese etwas zu aufdringlich werden. Bei den Trekkingtouren sind beide Hunde stets mit von der Partie, um von den Kindern geführt zu werden, deren Angst vor den größeren Tieren und den noch fremden Tierpersönlichkeiten noch zu groß ist. So erfüllen sie immer ihren Begleit- und Heranführungszweck und bauen Brücken zum nächst größeren oder nächst fremderen Tier. Es ist grundsätzlich möglich, dass Fachkräfte ihren eigenen Hund mit in den Gruppendienst bringen, wenn bestimmte Kriterien bezüglich Eignung und Charakter des Tieres und der Dienstgestaltung erfüllt sind und das Einverständnis der Kollegen gegeben ist. Diese Erlaubnis beschränkt sich auf ein Tier pro Gruppe und wird in mittlerweile fünf Gruppen verwirklicht.

Ohne unmittelbare pädagogische Zielsetzung bevölkern noch andere Tiere den Stall und seine Umgebung. Da sind zunächst die vielen Flugenten an unserem Ententeich und die Schar von Gänsen, die in artspezifisch stolzer Manier den Stall und die Umgebung bewachen. Sie befinden sich damit historisch in guter Gesellschaft, hatten doch einst in Rom Gänse den Auftrag, das Capitol zu bewachen. Die Küken des Federviehs sind jedes Mal ein eindrückliches und bezauberndes Erlebnis für alle jungen und alten menschlichen Betrachter. Unser Pfauenpaar »Cäsar« und »Kleopatra« nervt manchmal mit den lauten Balzrufen im Frühjahr, macht diese Störung aber wett durch die friedliche Eintracht, mit der es durchs Gelände stolziert. Welch eine Pracht, wenn Cäsar dann sein Rad schlägt ...

Jährlich ist es eine große Freude, wenn unsere Rauchschwalben zurück sind, die im Stall nisten. Und spätestens, wenn aus jedem Nest drei bis vier missmutig ausschauende Schwalbenjunge nach Futter heischen, ist die schöne und sonnige Jahreszeit im Raphaelshaus angebrochen. Die Igel, die Eulen, die Kaninchen und die Fledermäuse, die Eichhörnchen und die unterschiedlichen Arten von Vögeln bevölkern das gesamte Gelände und kommen früher oder später zum Stall, da dort die Aussicht auf lohnendes Futter besonders groß ist.

Verletzte Wildtiere des Geländes oder der Umgebung werden zumeist zu den Fachleuten des Stalles gebracht, da dort die größte Tierkompetenz vorhanden ist und meistens eine eigene oder eine externe Lösung gefunden werden kann, um dem Tier zu helfen. So zum Beispiel an den Weihnachtstagen im letzten Jahr: Das Kreisveterinäramt suchte Unterkunft für zwei Emus. Die australischen Laufvögel waren in einer tierquälerischen Situation bei einem Wanderzirkus untergebracht. »Abelard« und »Heloise« fanden ein Zuhause im Raphaelshaus und sind eine Attraktion am Durchgangsweg. Alles gehört zu dem Chor der Kreaturen, zu dieser Farm der Tiere, in der der Mensch als Helfer oder Klient eine heilende Atmosphäre findet, die in den

Großstadtdschungeln und Asphaltöden unserer sozialen Brennpunkte für Kinder und Jugendliche nur selten zu finden ist.

3.4 Dörfliche Erfahrungen

In der Tierpädagogik und -therapie finden sich die unmittelbaren Wirkungen unserer vierbeinigen Therapeuten. Die mittelbaren Wirkungen strahlen vom Stall auf das gesamte Raphaelsdorf aus. Die Tiere bedürfen 365 Tage und rund um die Uhr der Pflege. Ohne Rücksicht auf Feiertage oder Schul- bzw. Ferienzeit brauchen sie die ihnen gemäße Bewegung und Inanspruchnahme durch Menschen.

Die Tiere diktieren mit ihren Bedürfnissen einen anderen Takt, ein anderes Bewusstsein und eine andere Aufmerksamkeit, als dies in einer Einrichtung, die ohne Tiere arbeitet, notwendig ist. Wenn ein Fohlen geboren wird, ist dies ein lang erwarteter Höhepunkt im Alltag, und ganze Scharen von Kindern und Jugendlichen machen sich auf den Weg, den neuen Erdenbürger zu bewundern. Unauffälliger, aber auch immer wieder zum Jahresablauf der Einrichtung gehörend, vollzieht sich der manchmal unabänderliche Gnadentod eines alt und unheilbar krank gewordenen Tieres. Diskret und nur in Begleitung der erwachsenen Bezugsperson, wird das Tier vom Tierarzt eingeschläfert. Kein Tier geht lebend vom Hof, da uns die abscheulichen Tiertransporte gegenwärtig sind, die Schlachttiere durch halb Europa transportieren, um sie dann – schon halbtot vor Angst und Erschöpfung – zu töten.

Die Fütterung unserer Tiere erfordert die ganzjährige Pflege der Weide und als Höhepunkt die Heuernte. Wenn es in den kurzfristigen regenlosen Perioden in Deutschland gelingt, ca. 4000 Ballen Heu trocken in die Scheune zu fahren, ist dies Anlass für Stolz und Anerkennung auf diese Arbeitsleitung von Groß und Klein. Die Aufmerksamkeit für die Tiere erfordert Rücksichtnahme. Ob es sich dabei um die Silvester-Feuerwerkskörper handelt oder um das Fußballspiel neben dem Reitweg. Kinder und Jugendliche lernen Achtsamkeit und rücksichtsvolles Handeln mit den antizipierten möglichen Reaktionen der Vierbeiner. Einrichtungen, die mit Tieren arbeiten und leben, haben ein anderes naturnahes Ambiente und den Flair einer »dörflichen Atmosphäre«, welche die Institution wärmer und »biophiler« macht.

3.5 Tiere und Religionspädagogik

Im »mystischen Dreieck« der nordfranzösischen Gotik sticht die Kathedrale von Laon besonders hervor. Schon von Weitem zeichnen sich – ähnlich wie Burgzinnen – auf den beiden Türmen der Kirche große Tiergestalten gegen den Himmel ab. Beim Näherkommen identifiziert der Betrachter, dass es sich um große Steinabbildungen der Arbeitstiere handelt, die beim Bau der Kathedrale geholfen haben. Es handelt sich um ein sehr außergewöhnliches Beispiel, bei dem die Tiere im Bewusstsein der Steinmetze verblieben und in der künstlerischen Bauausführung Dank und Anerkennung erfuhren. Ihrer Hilfe und ihrem Dienst wurde ein steinernes Denkmal gesetzt. In der Spiritualität der beiden großen Kirchen herrscht eher die Erfahrung vor, die im so genannten »Glauberger Schuldbekenntnis« benannt wird. Darin bekannten sich über 400 Theologen 1988 zu den Versäumnissen gegenüber den Tieren im theologischen Bewusstsein. Darin heißt es:

Wir bekennen vor Gott, dem Schöpfer der Tiere,
und vor unseren Mitmenschen:
Wir haben als Christen versagt,
weil wir in unserem Glauben die Tiere vergessen haben.
Wir waren als Theologen nicht bereit,
lebensfeindlichen Tendenzen in Naturwissenschaft und Philosophie
die Theologie der Schöpfung entgegenzuhalten.
Wir haben den diakonischen Auftrag Jesu verraten
und unseren geringsten Brüdern, den Tieren, nie gedient.
Wir hatten als Pfarrer Angst, Tieren in unseren
Kirchen und Gemeinden Raum zu geben.
Wir waren als Kirche taub für das Seufzen
der misshandelten und ausgebeuteten Kreatur.

Im Bewusstsein, dass unsere Mitgeschöpfe in der gelebten Spiritualität unseres Glaubens oftmals vernachlässigt wurden, werden die Tiere im Raphaelshaus ganz bewusst in die Religionspädagogik integriert. Dabei kehrt sich das Symbol der Arche Noah um. Die Tiere ziehen diese Arche für Mädchen und Jungen zusammen mit den Pädagogen. Der Bund Gottes mit dem Regenbogen erreicht die Menschen und die Mitgeschöpfe. Mit dem Thema »Gottesdienst unterwegs« kündigt z. B. der Pfarrer der evangelischen Nachbargemeinde einen Gottesdienst im Stall des Raphaelshauses an. Ziel ist es, den Ort und seine vierbeinigen Bewohner mit der biblischen Botschaft für die Menschen in Dialog zu setzen.

Seit eh und je ist es Tradition, dass neue Tiere oder Jungtiere, die auf die Welt kommen, anlässlich einer »Franziskus-Messe« im Stall gesegnet werden. Dann versammeln sich in der Reithalle die großen und kleinen Bewohner des Raphaelshauses mit den Tieren, und die jeweils neuen vierbeinigen Bewohner empfangen ihren Willkommensgruß und die Segnung durch den Pfarrer. Das Zitat eines Kindes nach der Segnung: »Jetzt sind auch unsere Kamele katholisch!« lässt schmunzeln, darf aber theologisch nicht überbewertet werden (!).

Der Hl. Martin, dargestellt durch unseren Pferdewirtschaftsmeister, nimmt nach dem gemeinsamen Martinsgottesdienst natürlich hoch zu Ross an unserer Martinsfeier mit dem großen Feuer und der Verteilung der Weckmänner teil. In die Ernte-Dank-Feierlichkeiten ist sowohl das Engagement der Gärtnerei wie auch das des Stalles um die Ernte der Feld- und Gartenfrüchte mit einbezogen. Die Frage nach dem »Werden und Vergehen« drängt sich auch immer dann in den Vordergrund, wenn ein von Kindern geliebtes Therapietier ans Ende seiner Kraft gekommen ist und nach seinem Gnadenbrot auch den Gnadentod gewährt bekommt, oder, wie schon erwähnt, wenn ein junges Tier auf die Welt gekommen ist. Das zitternde und ungelenke Auf-die-Beine-Kommen eines frisch geborenen Fohlens und die liebevolle Fürsorge der Mutterstute führt bei den Kindern und Jugendlichen oftmals zu tiefem Erkennen und Nachfragen über das eigene Beziehungsgeflecht in der persönlichen Vergangenheit. Die Fragen nach dem »Woher und Wohin« suchen in dramatischer Realität dann Antworten bei den Erwachsenen. Diese behutsamen Antworten – manchmal stammelnd und stotternd gegeben – liegen oft sehr nahe bei den tatsächlich erlebten Schmerz- und Trennungserfahrungen der Mädchen und Jungen in ihrem eigenen Leben.

Zu guter Letzt findet die professionelle Gefährtenschaft mit den Tieren auch Ausdruck in den alten und zeitgenössischen Kunstwerken im Raphaelshaus. Ihnen ist dort – bescheidener als in Laon, aber mit demselben Hintergedanken – für ihre Mitarbeit gedankt und ihrer Arbeit ein Denkmal gesetzt. So zum Beispiel im Kunstwerk »Maria im Kuhstall« von Döres Hammers. Ein Junge aus der Christophorus-gruppe beschreibt es in unserem religionspädagogischen Gelände-führer so:»Das Bild [es ist ein Kunststeinfresko am Giebel des Stall-gebäudes, Anmerkung des Verfassers] zeigt Maria und Jesus. Unter anderem auch Tiere im Stall. Maria hat Jesus in einem Stall geboren. Josef, der Vater von Jesus, war auch im Stall. Dann kamen die Heiligen Drei Könige. Sie brachten Jesus Weihrauch, Myrre und Gold. Dies geschah in Bethlehem. Das Bild hängt am Reitstall (...) Es hängt wahr-scheinlich da, weil dort auch ein Stall ist.« Auch in den Kunstwerken von Regina Bender (Neuss), Otmar Alt (Hamm) und Doris-Hinzen Röhrig (Berlin) finden sich Darstellungen von Tieren im Zusammen-wirken von Mädchen und Jungen der Einrichtung.

Und so mündet alles wieder in die Tatsache, dass unser Schutzpa-tron, der Erzengel Raphael (Raphael = hebräisch:»Gott heilt!«) mit einem Tier, einem Hund, unterwegs war (und ist?). Daher ist es ge-radezu ein institutioneller Auftrag für die Einrichtung mit seinem Namen, mit Hilfe der vierbeinigen Arbeitsgefährten die uns anver-trauten Mädchen und Jungen zu heilen. Wir sind gerne»auf den Hund« und auf all die anderen Tiere»gekommen« und haben die Zusammenarbeit sehr zu schätzen gelernt.

»Wahrhaft ethisch ist der Mensch nur, wenn er der Nötigung ge-horcht, allem Leben, dem er beistehen kann, zu helfen und sich scheut, irgendetwas Lebendigem Schaden zu tun.«[29]

---

29. Albert Schweitzer: Kulturphilosophie Bd. 2, Kultur und Ethik. München 1923, S. 240.

III. Von der Wertschätzung der biblischen Mythen für die Tiere

Bei vielen biblischen Texten handelt es sich um Gedichte, also um Poesie. Je mehr ich mich mit ihnen auseinandersetze, umso kostbarer werden sie mir. Der Bezug auf mythologische Texte klingt nicht immer einladend und angemessen in einer »aufgeklärten Gesellschaft«, vielen sind sie suspekt und fragwürdig, wenn es um Orientierung geht. Manch einer fragt sich, ob es nicht wesentlich wichtigere Bezugsquellen gibt, um weiterzukommen, etwa die Wissenschaft, die Empirie, historische Forschung und Berechnungen von Zukunftsszenarien.

Zu willkürlich scheint vielen die Auslegung tausende Jahre alter Texte, zu groß das Misstrauen gegenüber den Alten, denen ein wissenschaftlich-logischer Zugang zur Welt, der für uns Heutige selbstverständlich ist, fremd war. Andere fragen sich, ob das denn wahr ist, was in den Geschichten von Adam und Eva über Noahs Arche bis hin zu Jesus und seinem mutigen Gang über das Wasser so fantasievoll erzählt wird. Kinder mögen mit den Geschichte ja vielleicht etwas anfangen können, aber was sollen sie den Erwachsenen sagen? Und haben wir nicht heute völlig andere Fragen, auf die diese »alten Hüte« nun wirklich nicht mehr passen?

Für mich sind die Mythen deshalb wahr, weil sie uralte Menschheitserfahrungen in einzigartiger Weise bündeln. Die biblischen Mythen sind wie ein Schatz, der in jeder Lebensphase anders aufleuchtet, mal Bedeutung hat und mal auch nicht. Warum sonst lauschen wir ihnen immer noch, warum werden sie Tag für Tag in unseren Liturgien gelesen? Sie berühren die Tiefen in uns, bieten Raum für unsere eigenen inneren Mythen, Träume und archaischen Ängste; die dort behandelten Fragen sind nicht ein für alle Mal beantwortet, weil Menschsein immer ein Ringen und Suchen bedeutet. Wie wunderbar, Erzählungen überliefert zu bekommen, in denen ich meine tiefsten Sehnsüchte erkenne und auf einen Weg gesetzt werde, mit ihnen umzugehen. Vertrauen kann ich, weil ich mich damit in allerbester

Gesellschaft finde: in derjenigen der Gott-Suchenden des Alten und Neuen Testaments, nicht zuletzt in der Gestalt Jesu von Nazareth, dessen leidenschaftliche Suche nur zu verstehen ist vor der Folie der poetischen und mythischen Erzählungen des Gottesvolkes.

Auf brisante Fragen der Gegenwart, die um das christliche Menschenbild und die jüdisch-christliche Tradition und Grundlage unserer europäischen Kultur kreisen, werfen sie ein erhellendes, an vielen Stellen prophetisches Licht. Und wenn sich EIN Faden durch all die Erzählungen von der Genesis bis zur Abschiedsrede Jesu im ältesten Evangelium zieht, dann ist es der, dass wir Menschen als Geschöpfe und Teil der Natur gesehen werden, als ein Wesen, das seine tiefsten Wurzeln allem anderen Leben verdankt. Und dass da ein Gott lebt und wirkt, der Liebhaber allen Lebens ist!

Es braucht keine hellseherischen Fähigkeiten und man muss nicht besonders feinfühlig sein, um unserer Zivilisation zu attestieren, dass sie gerade diese Naturzugehörigkeit des Menschen nicht in den Mittelpunkt aller anthropologischen Fragen stellt. Auch wird in vielen Debatten um das jüdisch-christliche Erbe Europas das Mensch-Sein nicht primär – meist überhaupt nicht – als ein Mit-Sein mit Anderen und Anderem verstanden. Vielmehr scheint immer wieder ein Szenario auf, in dem Homo sapiens sich eher als »Homo interplanetaris praedator« aufspielt. So nennt der Naturphilosoph Klaus Michael Meyer-Abich die besondere Spezies Mensch, die in den Industrienationen herrscht, nämlich mit dem Gehabe von Interplanetarischen Eroberern, für die dieser Planet lediglich Ressource ist. Verwandt sind diese Geschöpfe mit (fast) keiner anderen Art; die Umwelt ist natürlich nur (noch) die eine Umwelt, nämlich die des Menschen. Diese gilt es zu schützen, und zwar wiederum vor allem seinetwegen. Ein Selbstverständnis, dem der verheerende Gedanke zu Grunde liegt, dass es im Zweifelsfall sicher noch einen Ausweichplaneten gibt.[30] Die natürliche Mit-Welt, die Nach-Welt und die »Dritte Welt« sind den Industrienationen fast vollständig aus dem Blick geraten. Dass diese Gesellschaften in die – nicht nur ökologische – Krise geraten sind, hat seinen Grund in einer einseitigen Anthropologie und letztlich in der Entgegensetzung von Natur und Kultur.

---

30. Vgl. Klaus-Michael Meyer-Abich: Praktische Naturphilosophie. Erinnerung an einen vergessenen Traum. München 1997, S. 11 ff.

1. Die bewegende Kraft der Erinnerung

In Meyer-Abichs Diagnose macht den Menschen nicht nur seine verhängnisvolle Schöpfungsvergessenheit aus, zu ihm gehören auch seine fast in Vergessenheit geratenen Träume. In ihnen findet die ursprüngliche Beheimatung in der Natur ihren Ausdruck. Hier haben die biblischen Texte ihren Ort, denn in ihnen sind diese Träume, die Erinnerungen an ein beheimatetes Leben, aufgeschrieben. Die biblischen Texte sind hier in mehrfacher Hinsicht von Bedeutung: Für Bibelwissenschaftler ist erstens das Thema Schöpfung nicht etwa nur das erste Thema des Ersten oder Alten Testaments, sondern zugleich der im wahrsten Sinne grundlegende Wahrnehmungshorizont alles Folgenden. Für die ersten fünf Bücher der Bibel, den Pentateuch, gilt somit, dass die Schöpfungs- und Urgeschichte nicht etwa seinen »Vorbau« darstellt. Vielmehr sind diese fünf Bücher als Ganzes eine Urgeschichte: Sie stellen den Entwurf einer bedeutungsvollen, einer identitätsstiftenden und handlungsleitenden Vergangenheit für Gott- und Existenz-Suchende dar, die in der Begegnung mit diesem Text nicht in eine ferne Zeit zurückversetzt werden sollen, sondern in die Gegenwart einer Beziehung hineinversetzt. Meines Erachtens gilt dies über den Pentateuch hinaus für die Bibel insgesamt.

Somit gilt zweitens, dass die Heilige Schrift ganz im Dienst der »Verheutigung« der Gottesbotschaft steht. In diesem Kontext ist die Erinnerung das durchgängige Motiv jüdisch-christlicher Theologie. Schließlich gilt – auch wenn es banal klingt, muss es ausgesprochen werden –, dass die Bibel für den Menschen, nicht etwa für die Tiere geschrieben ist und somit dessen Stellung als Geschöpf beleuchtet: Wer ist der Mensch vor Gott? Für die biblischen Autoren ist es selbstverständlich, die Mitgeschöpfe in diesen existenziellen Fragehorizont hineinzunehmen.

2. Schöpfungs- und Befreiungsgeschichten

Wer eine neuere Theologie des Alten Testaments oder eine Religionsgeschichte Israels aufschlägt, um im Register die Stichworte »Tier« oder »Tierwelt« zu suchen, wird dennoch enttäuscht. Ganz selten wird dem Tier bzw. der Gott-Mensch-Tier-Beziehung ein eigener Abschnitt gewidmet. Das Tier stellt ein theologisches Randthema dar und ist nur gelegentlich erwähnenswert. Und das, obwohl es in der hebräischen Bibel genügend Stoff gibt: Es dürfte etwas überspitzt formuliert auf ihren rund 1000 Seiten kaum eine geben, auf der nicht in irgendeinem Zusammenhang Tiere erwähnt werden. Das gilt auch in Bezug auf das Gott-Tier-Verhältnis, für das nicht nur Schöpfungstexte, sondern ebenso Texte über tiergestaltige Götterbilder (das »goldene Kalb« etwa) oder die zahlreichen Tiervergleiche und -metaphern ergiebig sind. Diese »Abwesenheit des Tieres« wundert aus verschiedenen Gründen allerdings nicht: Zum einen spielt der Anthropozentrismus eine entscheidende Rolle, der sowohl die Philosophie als auch die Theologie beherrscht. Zum anderen hat selbst das größere Thema »Schöpfungstheologie« innerhalb der alttestamentlichen Glaubenswelt im Grunde kein theologisches Eigengewicht.

So kommt etwa in Walther Zimmerlis »Grundriß der alttestamentlichen Theologie« das Thema »Schöpfung« erst im vierten Abschnitt zur Sprache. Zur Erklärung führt der bedeutende Exeget an, dass im Alten Testament die in der Mitte der Geschichte geschehene Herausführung Israels aus Ägypten – der Exodus – der primäre Orientierungspunkt sei. Doch zwischen solchen Lehrsätzen der Theologie und den religiösen Bedürfnissen und Erfahrungen vieler Gott-Suchender herrschen tiefe Gegensätze. Noch vor wenigen Jahrzehnten mag für viele die Meditation des Kreuzes oder der Kreuzweg im Zentrum ihrer christlichen Spiritualität gestanden haben. Inzwischen quellen die Schriftenstände vieler Kirchen und die Abteilungen für besinnliche Literatur fast über von Naturdarstellungen, die dann oftmals mit Bibeltexten unterlegt werden. Die Bilder selbst bedeuten in allen möglichen Lebenssituationen Trost und Hoffnung, vermitteln die Gewissheit von Geborgenheit in der Weite der Schöpfung.

Auch für viele Christenmenschen ist der Schöpfungsglaube heute doch wesentlicher als der Glaube an eine Heilsgeschichte. Und wahrscheinlich war das schon öfter so in der Geschichte des Christentums; denn bezeichnenderweise haben ja nur die großen christlichen Feste mit »Natursubstraten« wie Weihnachten (Geburt, Sonnenwende) und Ostern (Naturerwachen) die Säkularisierungswellen überstanden.

Alarmierend dabei ist allerdings nicht die Schöpfungsverwiesenheit allen Glaubens, auch des christlichen, sondern eher, dass romantisierende Naturbilder das Engagement für die natürliche Mitwelt nicht unbedingt fördern, sondern häufig als Vertröstung und spirituelles Refugium fungieren. Es sind oftmals dieselben Leute, die sich Bilder von possierlichen Tierkindern aufhängen und bedenkenlos Fleisch aus der Tierquälerei kaufen und essen.

Die traditionelle These, dass die Erfahrung des Auszuges aus Ägypten für den Glauben Israels ursprünglich und fundamental war und der Glaube an Gott, den Schöpfer erst sekundär, ist inzwischen außerdem durch exegetische und religionswissenschaftliche Forschungen massiv erschüttert worden. Die lange vorherrschende Abwertung der biblischen Schöpfungstheologie kann durchaus als tragisch bezeichnet werden. Denn sie führt letztlich zum Verlust der universalen Dimension der biblischen Botschaft, die die Grundüberzeugung vermitteln will, wonach die Schöpfung nicht nur ein Sein hat, sondern auch Wahrheit vermittelt und ihr somit Verkündigungscharakter zukommt: Die Welt als Schöpfung Gottes lädt geradezu dazu ein, diese Schöpfungsbotschaft als Lebensweise zu hören und anzunehmen, zumal sie alles andere als romantisch verklärt ist. In einem Brief von Alfred Delp aus dem Gefängnis, den der von den Nazis ermordete Jesuit am 17.11.1944 schrieb, heißt es:

»Diese Woche war in vieler Hinsicht sehr bewegt. Drei von uns sind den Weg gegangen, der als bittere Möglichkeit vor uns allen steht und von dem uns nur Gottes Wunder trennen und bewahren können. Innerlich habe ich viel mit dem Herrgott zu tun und zu fragen und dranzugeben. Das eine ist mir so klar und spürbar wie selten: die Welt ist Gottes so voll. Aus allen Poren der Dinge quillt er gleichsam uns entgegen. Wir aber sind oft blind. Wir bleiben in den schönen und in den bösen Stunden hängen und erleben sie nicht durch bis an den Brunnenpunkt, an dem sie aus Gott herausströmen. Das gilt (...) für alles Schöne und auch für das Elend. In allem will Gott Begegnung feiern und fragt und will die anbetende, hingebende Antwort. Die Kunst und der Auftrag ist nur dieser, aus diesen Einsichten und Gnaden dauerndes Bewusstsein und dauernde Haltung zu machen, bzw. werden zu lassen. Dann wird das Leben frei in der Freiheit, die wir oft gesucht haben.«[31]

»Gott ist Geist« – in dieses Wort fasst das Johannesevangelium seine Theologie. Das vierte Evangelium knüpft damit an das Ur-Wort des Exodus an, wonach Gott sich als der »Ich bin der ›Ich-bin-da‹« offenbart. Dieser Geistbegriff entspricht somit nicht der griechischen Tradition, wonach Geist gleich Vernunft ist und die sich in Europa durchgesetzt hat. Hier heißt Geist so viel wie »Atem« oder »Wind«. Das Wesen Gottes ist wie die alles durchdringende Luft, der bewegende Atem, der Wind, der überall gegenwärtig ist. Gott ist nicht ein Bewusstseinswesen außerhalb der Welt, sondern die andere Wirklichkeit, die sich in der Erfahrung zeigt, und zwar in jener, von der Alfred Delp schreibt.

---

31. Alfred Delp: Gesammelte Schriften. Philosophische Schriften Bd. 4. Frankfurt/M. 1985, S. 26.

3. Ansätze für eine biblische Zoologie

Der biblische Mensch hatte keine Hemmungen, sich innerhalb dieses theologischen Rahmens auf die Geschöpfe einzulassen, mit denen er den Lebensraum teilte, von denen er in einer agrarischen Kultur lebte, von denen er wusste, dass sie Mitgeschöpfe sind, nämlich die Tiere: Denn ihre Welt ist ein herrlicher Kosmos von Gestalten, Gebärden, Lauten, Verhaltensweisen, Farben, Bildern und Geschichten, an dem der biblische Mensch und alle Kulturen um Israel herum, an denen das Tier sich »abarbeiten« muss, seit jeher auch zum Bewusstsein ihrer selbst gekommen sind. Die großen Tiertexte der Bibel haben diesen Schatz sorgsam gehütet und um immer neue Varianten bereichert. In der Begegnung mit dem Tier erfuhr Israel das Rätsel des Lebens nicht nur in seiner schillernden Buntheit, sondern auch in seiner zwingenden Mächtigkeit. Dieser Faszination hat es sich beobachtend, erkennend und deutend ausgeliefert und davon auch sein theologisches Nachdenken inspirieren lassen.

Für den biblischen Menschen war es wesentlich, in den geheimnisvollen Bannkreis fremden, dem eigenen seltsam fernen und doch so nah vertrauten Lebens zu treten; hat er aus dieser Berührung mit dem ganz Anderen, Nichtmenschlichen doch starke Impulse zur Entfaltung religiöser Kräfte und theologischer Reflexionen empfangen. Nach jüdisch-christlicher Überzeugung wird das Wesen des Menschen zwar nicht in Bezug auf das Tier bestimmt und hat sich Gott auch nicht wie in Ägypten in der Gestalt eines Tieres offenbart. Dennoch kann der Mensch laut Auskunft der biblischen Überlieferungen im Blick auf seine Mitgeschöpfe zu einem profunderen – auch theologischen – Selbst-Verständnis finden. Die Natur und darin die Tiere und Pflanzen, ja ganze Landschaften, tragen die Signatur des Schöpfers, sind geheimnisvoll; sie bergen etwas »Numinoses«. Dies ist ein moderner, etymologisch der römischen Antike entliehener Begriff. Das Wortfeld, das im Hebräischen dem gemeinten Phänomen am nächsten steht, ist mit dem Wurzelbegriff »barak« (segnen, mit heilvoller Kraft begaben) verbunden. Während wir im so genannten Abendland aufgrund einer extrem wortzentrierten religiösen Tradition Segen und Segnen allzu rasch mit gesprochenen Worten verbinden und uns vor allem dafür interessieren, was beim Segnen genau passiert, gingen die Menschen im alten Israel ganz selbstverständlich davon aus, dass Segen (berakah) in vielem Geschaffenen einfach ist und erfahren werden kann. Bei Jesaja wird ein Sprichwort überliefert:

»Wie man sagt, wenn Saft in der Traube sich findet:
Verdirb sie nicht, es ist ein Segen darin«
(Jes 65,8).

In deutlicher Abgrenzung zur Religion Ägyptens formuliert das jüdische Credo programmatisch, dass keine innerweltliche Größe verabsolutiert werden darf. Für Israel kommt eine Vergöttlichung der Schöpfung und einzelner Geschöpfe nicht infrage. Aber es geht auch nicht an, das Kind mit dem Bade auszukippen, also die Numinosität der Schöpfung zu ignorieren. Vielmehr ist es Zeit, der Schöpfung ihre Seele, ihre Würde zurückzugeben, sie aus ihrer Demütigung zu befreien, in die sie als gänzlich Gott-loses Gegenüber des Schöpfers, als reines Produkt eines überbetont souveränen und transzendenten Gottes und als Objekt menschlicher Wissenschaft und Ausbeutung geraten ist.

Laut Auskunft der aktuellen, für unsere Fragestellung relevanten exegetischen Literatur lassen sich innerhalb der biblischen Überlieferung zwei Stränge erkennen:
1. Mensch und Tier sind dezidiert aufeinander bezogene, voneinander existenziell abhängige Geschöpfe des einen Gottes und Teilhaber des einen Bundes.
2. Mensch und Tier sind Gesegnete und haben je einen eigenen Wert und eine innige Beziehung zum Schöpfer und somit einen eigenen unverwechselbaren Ort im Gesamt der Schöpfung.

Wie in einem Brennglas erscheinen all diese Facetten des Gott-Mensch-Tier-Verhältnisses in einer biblischen Geschichte, die vielleicht die schönste Legende des Alten Testaments darstellt: In Numeri 22,21–34 wird Bileam, der Seher, von den Moabitern bestellt, um das Volk Israel zu verfluchen. Schließlich erhält er von Gott tatsächlich die Erlaubnis loszuziehen, aber nur um das zu sagen, was der Herr dann befehlen werde. Daraufhin sattelt er seine Eselin und zieht fort. Unterwegs tritt den beiden aber ein Bote Gottes mit gezücktem Schwert in den Weg. Es heißt weiter:

21 So machte sich Bileam am Morgen auf, sattelte seine Eselin und ging mit den Obersten Moabs mit. 22 Da entzündete sich der Zorn Gottes, weil er ging, und der Bote Gottes stellte sich in den Weg als sein Widersacher, während er auf seiner Eselin ritt und mit ihm zwei Reitknechte. 23 Aber die Eselin sah den Engel Gottes auf dem Weg stehen – mit dem gezogenen Schwert in seiner Hand. Da wich sie vom Weg ab und ging in das Feld. Daraufhin schlug Bileam die Eselin, um sie wieder auf den Weg zu drängen. 24 Dann stellte sich der Engel Gottes in einen Engpass zwischen Weinberghänge, der auf beiden Seiten von Mauern begrenzt war. 25 Die Eselin sah den Engel Gottes, drängte sich an die Mauer und quetschte Bileam den Fuß daran. Da schlug er sie wieder. 26 Sodann ging der Engel Gottes weiter und stellte sich an eine enge Stelle, an der man weder rechts noch links ausweichen konnte. 27 Als die Eselin den Engel Gottes sah, ging sie unter Bileam in die Knie. Dadurch entzündete sich sein Zorn, und er schlug die Eselin mit der Reitgerte. 28 Da öffnete Gott der Eselin den Mund und sie sagte zu Bileam: »Was habe ich dir getan, dass du mich nun dreimal geschlagen hast?« 29 Bileam sagte zur Eselin: »Weil du mir das antust! Wäre doch ein Schwert in meiner Hand! Ja, dann würde ich dich totschlagen!« 30 Die Eselin sagte zu Bileam: »Bin ich denn nicht deine Eselin? Auf mir bist du doch geritten, seit jeher bis zu diesem Tag? War es je meine Gewohnheit, mit dir so umzugehen?« Und er sagte: »Nein.« 31 Da öffnete Gott Bileams Augen, und er sah den Engel Gottes auf dem Weg stehen – mit dem gezückten Schwert in seiner Hand. Sofort warf er sich nieder und kniete zu Boden. 32 Der Engel Gottes sagte ihm: »Warum hast du deine Eselin dreimal geschlagen?! Verstehe: Ich selbst bin ausgezogen, um dir ein Widersacher zu sein, denn der Weg stürzt dich vor mir ins Verderben. 33 Doch die Eselin hat mich gesehen und ist dreimal vor mir ausgewichen. Wenn sie vor mir nicht ausgewichen wäre, ja, dann hätte ich dich getötet, sie aber am Leben gelassen.« 34 Bileam sagte zum Engel Gottes: »Ich bin fehlgegangen. Denn ich wusste nicht, dass du dich mir in den Weg gestellt hattest. Und nun: Wenn es in deinen Augen böse ist, will ich umdrehen.«

(Diese Übersetzung ist wie die meisten der folgenden der »Bibel in gerechter Sprache« entnommen.)

Jenseits aller tiefenpsychologischen Analyse dieses Textes sagt er über das Mensch-Tier-Gott-Verhältnis das Folgende aus: Mensch und Tier sind als Weggefährten aufeinander angewiesen; der Mensch »auf dem Rücken der Tiere«. Dieses Vertrauensverhältnis hätte dem Reiter nahelegen müssen, dass das Tier ihn auf irgendetwas aufmerksam machen will, was er nicht merkt. Der Eselin, die den Engel sofort erkennt, kommt somit ein wunderbares Wissen zu, das in eine Dimension reicht, die der menschlichen Vernunft, dem reinen Intellekt, nicht zugänglich ist. Der ersttestamentliche Mensch konnte das Tier problemlos als realen Träger göttlicher Willensäußerungen ansehen. Nicht zuletzt klingt in der Frage »Warum schlägst du mich ...?« die ethische Dimension des Themas an. Am Ende mündet die Bileamgeschichte in den Orakelspruch des Propheten:

Ich sehe ihn, aber nicht jetzt, ich erblicke ihn, aber nicht in der Nähe: Ein Stern geht in Jakob auf, ein Zepter erhebt sich in Israel« (Num 24,17).

Es ist anzunehmen, dass die frühchristlichen Gemeinden ihren »Stern«, Jesus, vor der Folie der sicherlich bekannten Bileamgeschichte sehen, gehört sie doch in den Grundbestand des Pentateuch. Dann erscheinen die verhältnismäßig langen Textpassagen in Matthäus 21,1–8 und Markus 11,1–7, in denen es um den »jungen Esel, auf dem noch nie ein Mensch geritten ist« geht, in einem besonderen Licht: Bei seinem Einzug in Jerusalem, der seine letzten Tage einleitet, vertraut sich Jesus ganz diesem Tier an, wissend, dass es den Engel sehen würde, wenn er sich denn wieder in den Weg stellte. Wie wir noch sehen werden, spielt die christologische Konzeption des Markus-Evangeliums bewusst auf die Tier-Friedens-Vision des Jesaja an, sodass der Menschensohn auch gekommen ist, die ursprüngliche Ordnung innerhalb der Geschöpfe zu erneuern. Dem Bild des auf einem Esel reitenden Erlösers kommt somit eine hoch symbolische Bedeutung zu, die meines Erachtens so in der Exegese noch nicht herausgearbeitet worden ist.

Doch bleiben wir zunächst bei der Legende und ihren Tiefenschichten; zäumen wir sozusagen die Eselin einmal von hinten auf: Denn dass sie den Engel sieht und nicht der dafür »ausgebildete« Seher, erstaunt doch am meisten. Was bewegt den Erzähler dazu, dem Tier diese mystische Begabung zuzusprechen? Oder ist diese Lehrerzählung lediglich als Affront gegen den Seher des ungläubigen Moabitersvolkes zu verstehen, dem sogar ein »blöder Esel« überlegen ist?

Liest man verschiedenste Texte des Alten Testaments zusammen, ergibt sich ein überraschendes, fast spektakuläres Bild der Tiere und ihres Seins in der Sphäre des Göttlichen. Was ist das Besondere der Beziehung Gottes zu den anderen Geschöpfen, und was hat das Tier (noch), was wir Menschen verloren haben? Dies fragen sich biblische Autoren, und sie fassen ihre Meditationen dazu in verschiedene Bilder und Geschichten, um damit zu einer angemessenen Rede von Gott, der Schöpfung und den Menschen darin zu gelangen. Auch wenn sich der Begriff selbst nicht in der Heiligen Schrift findet, sondern erst im späteren theologischen Nachdenken entstanden ist, könnte er die Zusammenfassung dieser biblischen Meditationen sein: die Gott-Unmittelbarkeit der Tiere! Auf die allerersten Seiten der Bibel, das Nachdenken über die Anfänge also, führt uns dieses programmatische Wort.

4. Eine Existenz im Garten Eden

4 Das Folgende ist die Geschichte der Kinder von Himmel und Erde,
seit diese erschaffen wurden: Am Tage, als Adonaj, das ist der Name
Gottes, Erde und Himmel machte, – 5 noch gab es die Sträucher des
Feldes nicht auf der Erde und das Grün der Felder war noch nicht
aufgesprossen, denn Adonaj, also Gott, hatte es noch nicht regnen
lassen auf die Erde, und es gab auch noch keine Menschen, um den
Acker zu bearbeiten, 6 nur ein Quell stieg aus der Erde auf und tränkte
die ganze Fläche des Ackers, – 7 da bildete Adonaj, also Gott, Adam,
das Menschenwesen, aus Erde vom Acker und blies in seine Nase
Lebensatem. Da wurde der Mensch atmendes Leben. 8 Nun legte
Adonaj, also Gott, einen Garten in Eden an, das ist im Osten, und
setzte das gerade geformte Menschenwesen dort hinein. 9 Aus dem
Acker ließ Adonaj, Gott, sodann alle Bäume aufsprießen, reizvoll zum
Ansehen und gut zum Essen, samt dem Baum des Lebens in der Mitte
des Gartens und dem Baum der Erkenntnis von Gut und Böse. 10 Ein
Strom geht aus von Eden, um den Garten zu bewässern. Und von da
an teilt er sich in vier Hauptarme. 11 Der Name des einen ist Pischon;
das ist der, der das ganze Land Hawila umfließt, wo es das Gold gibt.
12 Gut ist das Gold dieses Landes, zudem gibt es da Bdellion-Harz
und Schoham-Steine. 13 Der Name des zweiten Flusses ist Gihon,
der fließt um das ganze Land Äthiopien herum. 14 Der Name des
dritten Flusses ist Tigris, der fließt östlich von Assur. Und der vierte
Fluss, das ist der Eufrat. 15 Adonaj, also Gott, nahm das Menschenwesen und brachte es in den Garten Eden, ihn zu bearbeiten und zu
beaufsichtigen. 16 Dann sprach Adonaj, Gott, ein Gebot für das Menschenwesen aus:»Von allen Bäumen des Gartens kannst du ruhig
essen. 17 Nur vom Baum der Erkenntnis von Gut und Böse – von
dem darfst du nicht essen. An dem Tag, an dem du von ihm isst, bist
du zum Tode verurteilt.« 18 Dann sagte Adonaj, also Gott:»Es ist
nicht gut, dass der Mensch allein ist. Ich will für ihn eine Hilfe machen, so etwas wie ein Gegenüber.« 19 Da bildete Adonaj, also Gott,
aus Ackererde alle Tiere des Feldes und alle Vögel des Himmels und
brachte sie zum Menschen, um zu beobachten, wie er sie nennen
würde. Ganz so wie der Mensch – das atmende Leben – sie nennen
würde, so sollte ihr Name sein. 20 Da gab der Mensch allem Vieh,

den Vögeln des Himmels und allen Tieren des Feldes Namen. Aber für das Menschenwesen fand sich keine Hilfe, die so etwas wie ein Gegenüber wäre. 21 Da ließ Adonaj, also Gott, einen Tiefschlaf auf das Menschenwesen fallen, dass es einschlief, nahm eine von seinen Seiten und verschloss die Stelle mit Fleisch. 22 Dann formte Adonaj, also Gott, die Seite, die sie dem Menschenwesen entnommen hatte, zu einer Frau um und brachte sie zu Adam, dem Rest des Menschenwesens. 23 Da sagte der Mensch als Mann:»Dieses Mal ist es Knochen von meinen Knochen, und Fleisch von meinem Fleisch! Die soll Ischscha, Frau, genannt werden, denn vom Isch, vom Mann, wurde die genommen!« 24 Deshalb wird ein Mann seinen Vater und seine Mutter verlassen und sich mit seiner Frau verbinden. Sie werden ein Fleisch sein. 25 Und obwohl die beiden nichts anhatten, der Mensch als Mann und seine Frau, schämten sie sich nicht. 1 Die Schlange hatte weniger an, aber mehr drauf als alle anderen Tiere des Feldes, die Adonaj, also Gott, gemacht hatte. Sie sagte zu der Frau:»Also wirklich – hat Gott etwa gesagt: ›Ihr dürft von allen Bäumen des Gartens nichts essen‹«? 2 Da sagte die Frau zur Schlange:»Von den Früchten der Bäume im Garten können wir essen. 3 Nur von der Frucht des Baumes in der Mitte des Gartens hat Gott gesagt: ›Esst nicht von ihr und rührt sie nicht an, damit ihr nicht sterbt.‹« 4 Die Schlange sagte zu der Frau:»Ganz bestimmt werdet ihr nicht sterben. 5 Vielmehr weiß Gott genau, dass an dem Tag, an dem ihr davon esst, eure Augen geöffnet und ihr so wie Gott sein werdet, wissend um gut und böse.« 6 Da sah die Frau, dass es gut wäre, von dem Baum zu essen, dass er eine Lust war für die Augen, begehrenswert war der Baum, weil er klug und erfolgreich machte. Sie nahm von seiner Frucht und aß. Und sie gab auch ihrem Mann neben ihr. Und er aß. 7 Da wurden beiden die Augen geöffnet und sie erkannten, dass sie nichts anhatten. Sie hefteten Feigenblätter aneinander und machten sich Schurze. 8 Dann hörten sie ein Geräusch. Adonaj, Gott, ging im Garten umher in der täglichen Brise. Adam, der Mensch als Mann, und seine Frau versteckten sich vor dem Antlitz Adonajs, also Gottes, in der Mitte der Bäume des Gartens. 9 Da rief Adonaj, also Gott, den männlichen Menschen herbei und sagte zu ihm:»Wo warst du?« 10 Der sagte: »Ein Geräusch von dir habe ich im Garten gehört und mich gefürchtet, denn ich habe nichts an und da hab ich mich versteckt«. 11 Darauf:»Wer hat dir denn gesagt, dass du nichts anhast? Hast du etwa von dem Baum gegessen, von dem ich dir geboten habe, nicht zu essen?« 12 Da sagte der Mann-Mensch:»Die Frau, die du mir selbst an die Seite gegeben hast, die hat mir von dem Baum gegeben. Und da habe ich gegessen.« 13 Da sagte Adonaj, also Gott, zur Frau:»Was hast du da getan?« Und die Frau sagte:»Die Schlange hat mich reingelegt, so dass ich gegessen habe.« 14 Da sprach Adonaj, also Gott, zur Schlange:»Weil du das getan hast, bist du verflucht – als Einziges von allem Vieh und von allen Tieren des Feldes. Auf deinem Bauch sollst du kriechen und Erde essen alle Tage deines Lebens. 15 Feindschaft stifte ich zwischen dir und der Frau, zwischen deinem Nachwuchs und ihrem Nachwuchs. Der wird deinen Kopf angreifen, du wirst seine Ferse angreifen.« 16 Und zur Frau:»Ich sorge dafür, dass deine Lasten groß und deine Schwangerschaften häufig sind. Nur unter Mühen wirst du Kinder bekommen. Auf deinen Mann richtet sich dein Verlangen. Doch der wird dich beherrschen.« 17 Und zum Mann als Menschen:»Weil du auf die Stimme deiner Frau gehört und von dem Baum gegessen hast, von dem ich dir geboten hatte: ›Du sollst nicht von ihm essen‹, deswegen: Verflucht ist der Ackerboden um deinetwillen. Dein Leben lang sollst du dich nur mit Mühe von ihm ernähren. 18 Dornen und Disteln lässt er für dich aufsprießen, so musst du das Kraut des Feldes essen. 19 Im Schweiß deines Angesichts sollst du Brot essen, bis du zum Acker zurückkehrst, von dem du genommen bist. Ja, Erde bist du, und zur Erde kehrst du zurück.« 20 Da gab der Mann-Mensch seiner Frau einen Namen: Chawwa, Eva, denn sie wurde zur Mutter aller, die leben. 21 Und Adonaj, also Gott, machte selbst für den Menschen als Mann und für seine Frau Gewänder für die Haut und bekleidete sie. 22 Und Adonaj, also Gott, sprach:»Schau, der Mensch ist im Blick auf die Erkenntnis von Gut und Böse wie einer von uns geworden. Dass er nur nicht auch noch seine Hand ausstreckt, vom Baum des Lebens nimmt, isst und so ewig lebt.« 23 Da schickte Adonaj, also Gott, sie fort aus dem Garten Eden, damit sie auf dem Acker arbeiteten, von dem sie genommen wurden. 24 So vertrieb sie die Menschen und ließ östlich des Gartens Eden die Kerubim lagern, dazu die Flamme des zuckenden Schwertes, um den Weg zum Baum des Lebens zu bewachen (Gen. 2,4–3,24).

In der Bibel steht »das Paradies« für eine Seinsweise, die sich der unmittelbaren Gemeinschaft mit Gott verdankt – die anfängliche und somit ursprüngliche Verbundenheit alles Lebendigen mit seinem Schöpfer. Und genau darin ist der Mensch heil und ganz. Er ist nur insofern »Herr« über die Dinge, als er gehorsam gegenüber seinem Gott ist. Im Sündenfall, von dem der weitere Text erzählt, geht es nicht etwa um die Wahl zwischen einem romantischen Zustand der Unschuld und des Glücks, der eine Unmündigkeit impliziert, auf der einen Seite, und einer erkennenden Mündigkeit, die teuer durch Leid und Schuld bezahlt werden muss, auf der anderen Seite. Worum die Entscheidung ging, war, ob der menschliche Weg der Reifung und des »Erwachsenwerdens« im Gehorsam gegenüber Gott geschehen würde oder in der Auflehnung, die »sein will wie Gott«. Somit ist nicht das Erkennen selbst und ebenso wenig die Vereinigung der Geschlechter die Sünde, sondern dass dies in der Abwendung von Gott geschah. Über das Schicksal der Tiere nach dem Sündenfall schweigt die Bibel. Da sie aber nicht von ihrem Sündenfall spricht, ist der Gedanke, dass sie immer noch »dort« sind, nicht abwegig. Wenn die Tiere also noch im Garten Eden sind, bedeutet das, sie sind noch in der unmittelbaren Gemeinschaft mit Gott.

5. Von der »Gottunmittelbarkeit« der Tiere

Laut Auskunft des heiligen Thomas von Aquin wenden sich auch die Tiere an Gott, jedoch in anderer Form als die Menschen. In seiner Lehre vom Gebet kommt er auf unsere Mitgeschöpfe zu sprechen und führt in seinem Kommentar zu Psalm 147,9 (»Er gibt dem Vieh seine Nahrung, gibt den jungen Raben, wonach sie schreien.«) aus: Das Beten – also das ausdrückliche und oft mühsame Suchen nach Gott – kommt weder den göttlichen Personen zu noch den Tieren, sondern allein den vernünftigen Geschöpfen. Die Schrift redet im Psalm bildlich vom Schreien der Tiere zu Gott, die im Gegensatz zum Menschen unmittelbar vom Schöpfer bewegt werden; denn in seiner Freiheit kann sich nur der Mensch von Gott abwenden, die Tiere (und Pflanzen) hingegen nicht.

Sowohl die Paradiesesmetapher als auch die sie aufhellende Zuschreibung der Gottunmittelbarkeit der Tiere legen eine weithin unbekannte Sicht auf unsere Mitgeschöpfe nahe, die im Folgenden skizziert werden soll – allerdings nicht ohne diese Vorbemerkung: Auch wenn das Leben im Paradies idyllisch anmutet und diese Existenzform im Blick auf die Tiere aufzuleuchten vermag, klingt dies in Anbetracht des täglichen Kampfes um das Überleben vielleicht zynisch. Tatsächlich sind die für uns Menschen kaum fassbaren, unüberschaubaren Weisen der tierlichen Wahrnehmung Anpassungsweisen im Überlebenskampf. Das Leben der Tiere ist daher alles andere als paradiesisch; in ihrer Existenz verdichtet sich vielmehr das, was auf die Formel gebracht werden kann: Die Natur ist so wenig idyllisch, wie Gott lieb ist. Und durch das Eingreifen des Menschen kann sich das Tierleben sogar in eine Hölle verwandeln. Durch Schlachthäuser, Mastbetriebe, Pelzfabriken etc. verweigert der Mensch den von Gott geforderten Respekt gegenüber den Tieren und tritt somit deren Gottunmittelbarkeit mit Füßen.

6. Leben in der Gegenwart

Wenn im Herbst die Eichhörnchen damit beginnen, Vorräte anzulegen und z. B. Eicheln im Wald zu vergraben, haben sie dann eine Vorstellung vom kommenden Winter? Höchstwahrscheinlich nicht; die verkürzte Tageslichtlänge und die sinkenden Temperaturen veranlassen sie zu solch einem scheinbar vorausplanendem Tun. Eine »mentale Zeitreise« ist nach aktuellen Forschungsergebnissen neben einigen Menschenaffen und Rabenvögeln nur dem Menschen möglich; und er ist wohl der einzige Primat, der diese Zeitreise über seinen Tod hinaus antritt. Die Frage nach dem »danach« stellt allein er sich. Somit kann das bewusste Leben in und mit der Zeit als Startschuss allen Kulturschaffens angesehen werden, auch als Beginn der Philosophie und Theologie. Aber: wer kennt das nicht – die Sehnsucht nach einem Leben im Augenblick? Einmal nicht am gestrigen Ärger hängen bleiben und nicht fixiert sein auf den morgigen wichtigen Termin, sondern gelassen im Hier und Jetzt sein!

»So lebt das Tier unhistorisch«, fasst Nietzsche zusammen und er lädt ein: »Betrachte die Herde, die an dir vorüberweidet: sie weiß nicht, was Gestern, was Heute ist, springt umher, frisst, ruht, verdaut, springt wieder, und so vom Morgen bis zur Nacht und von Tage zu Tage, kurz angebunden mit ihrer Lust und Unlust, nämlich an den Pflock des Augenblicks, und deshalb weder schwermütig noch überdrüssig.«[32] Daher erinnert die Fähigkeit, im Augenblick zu leben, auch den großen Skeptiker Nietzsche an den Garten Eden: »Deshalb ergreift es ihn [den Menschen], als ob er eines verlorenen Paradieses gedächte, die weidende Herde oder in vertrauter Nähe das Kind zu sehen, das noch nichts Vergangenes zu verleugnen hat und zwischen den Zäunen der Vergangenheit und der Zukunft in überseliger Blindheit spielt.«[33]

---

32. Friedrich Nietzsche: Unzeitgemäße Betrachtungen. Vom Nutzen und Nachteil der Historie für das Leben. Frankfurt/M. 1981, S. 97 f.
33. Ebd.

7. Leben in der Wahrnehmung

Hape Kerkeling, der bekannte Komiker und Entertainer, erzählt in seinem Buch »Ich bin dann mal weg« nicht nur vom Kampf gegen schmerzende Knie und um einen guten Schlafplatz, sondern auch vom Ringen mit dem Denken. Er ist auf dem Weg nach Santiago di Compostella und sucht sich selbst und damit auch Gott. Dabei folgt er dem Rat einer Freundin, die sagt, er solle den Körper einmal ohne Denken und Sprechen vorantreiben. Er schreibt:

»Alles wird eins: mein Atem, meine Schritte, der Wind, der Vogelgesang, das Wogen der Kornfelder und das kühle Gefühl auf der Haut. Ich gehe in Stille. Drücke ich während des Wanderns mit meinen Füßen auf den Weg oder drückt der Weg auf meine Füße? Ohne meine Gedanken bin ich ohne Ausdruck und die Landschaft, die Geräusche und der Wind beeindrucken mich nicht. Auch Hässlichkeiten wie eine tote Katze auf dem Weg oder Schönheiten wie die schneebedeckten Gipfel des kantabrischen Gebirges hinterlassen keinen Eindruck. Diese totale Abwesenheit von Druck ist ein barmherziger Zustand. Er bringt keinen Spaß, aber auch kein Leid mit sich.«[34]

Um das schlichte In-der-Gegenwart-Sein geht es allen Meditationsübungen, nicht etwa um ekstatische Weltfluchten. In-der-Wahrnehmung-Sein! Innerhalb des Dreischrittes Wahrnehmen – Denken – Handeln, die jedem Tun zu Grunde liegt, kam es im Verlauf der Stammesgeschichte gewissermaßen zu einer Akzentverschiebung: Es ist das aufdämmernde Bewusstsein, in dem mehr und mehr denkerische Leistungen wie Abstraktion und Systematisierung das Leben des Menschen bestimmten. Es besteht kein Zweifel, dass das hoch entwickelte Denkvermögen für den evolutiven Erfolg des Homo sapiens maßgeblich verantwortlich ist, es aber zugleich auch ein Hindernis darstellen kann – nämlich dann, wenn es um die unmittelbare Wahrnehmung der Wirklichkeit geht. Während wir Menschen nur zu oft von unserem Intellekt und unseren Vorstellungen her die Welt deuten, zeichnet das Leben der Tiere das permanente Rückkehren in die Wahrnehmung aus.

---

34. Hape Kerkeling: Ich bin dann mal weg. Meine Reise auf dem Jakobsweg. München 2008, S. 237.

Die im Lauf der Evolution immer intensiver gewordene Fähigkeit zur Systematisierung und Kategorisierung sowie das menschliche Abstraktionsvermögen bringen im Umgang der Menschen miteinander und in der Gestaltung des eigenen Lebens nicht nur Vorteile.

Diese Sonderheiten des Menschen bergen die Gefahr, sich von der unmittelbaren Lebenswelt, den Mitgeschöpfen und letztlich sich selbst zu entfremden.

8. Beheimatet-Sein

Es scheint geradezu typisch für den Menschen zu sein, nach sich selbst zu fragen – sich selbst zur Frage zu werden. Unmittelbar mit dem Besitz des (Selbst-)Bewusstseins ist die Distanzierung von der Lebenswelt verbunden und in der weiteren Folge der mögliche Verlust von Sinn. Die klassischen Fragen *Wer bin ich? Woher komme ich? Wohin gehe ich?* sind – vermutlich – allein dem Menschen vorbehalten. Schon den biblischen Menschen erinnern hingegen die Tiere an das »alte Gefühl«, zu wissen, wohin man gehört: »Der Ochse kennt seinen Besitzer und der Esel die Krippe seines Herrn; Israel aber hat keine Erkenntnis« (Jes 1,3). Eingebunden zu sein in einen größeren Sinnzusammenhang und von der »Erkenntnis« erfüllt zu sein, den eigenen Ort bei Gott und somit in der Welt zu haben, gehört in den Grundbestand der Sehnsüchte des Menschen. Schon Jesaja sah die Erfüllung dieser Sehnsucht in Ochs und Esel verkörpert; spätere Künstler setzten jene beide an die Weihnachtskrippe, wohl wissend, dass ihnen ein unverzichtbarer Platz innerhalb des Mysteriums von der Menschwerdung Gottes zukommt.

Vor diesem Hintergrund macht die kleine, fast beiläufige Notiz in Markus 1,12–13, die den Auftakt des Wirkens Jesu beschreibt, vielleicht hellhörig: »Danach trieb der Geist Jesus in die Wüste. Dort blieb Jesus vierzig Tage lang und wurde vom Satan in Versuchung geführt. Er lebte bei den wilden Tieren, und die Engel dienten ihm.« Der neue Adam zwischen Tier und Engel; der Messias als Friedensbringer für die gesamte Schöpfung; der ganze Mensch, versöhnt mit seiner tierlichen Seite und beflügelt von der Dynamik Gottes!

9. Menschwerdung

Eine, wenn nicht die entscheidende Frage lautet: Wie gelingt Menschsein unter den liebenden Augen Gottes? Und sie ist so alt wie die Menschheit selbst. Die Bileamgeschichte meditiert diese Frage und zeigt den Menschen (Bileam) in Abhängigkeit vom Tier (Eselin), auf das Verlass ist. Beide biblischen Schöpfungsgeschichten sind Ausdruck des Ringens um diese Frage, und auch sie kommen dabei an den Tieren nicht vorbei; mehr noch: sie sehen den Menschen grundsätzlich auf seine Mitgeschöpfe verwiesen, markieren eine »theologische Anthropologie mit dem Gesicht zum Tier«. In der zweiten Schöpfungserzählung heißt es:

18 Dann sagte Adonaj, also Gott: »Es ist nicht gut, dass der Mensch allein ist. Ich will für ihn eine Hilfe machen, so etwas wie ein Gegenüber.« 19 Da bildete Adonaj, also Gott, aus Ackererde alle Tiere des Feldes und alle Vögel des Himmels und brachte sie zum Menschen, um zu beobachten, wie er sie nennen würde. Ganz so wie der Mensch – das atmende Leben – sie nennen würde, so sollte ihr Name sein (Gen 2,18.19).

Im biblischen Kontext hat der Akt der Namengebung weder einen rein formalen Charakter noch ist er im Sinn des Ergreifens einer Herrscherstellung zu verstehen. Indem der Mensch die Tiere bei ihrem Namen ruft, erkennt er sie als ein vertrautes Gegenüber an. Diese programmatische Verhältnisbestimmung steht auf den ersten Blick im Widerspruch zu dem wohl bekannteren Wort des ersten priesterschriftlichen Schöpfungsberichtes, mit der sehr bekannten Aufforderung; »Macht euch die Erde untertan, herrscht über die Tiere (...)« (Gen 1,26–28). Der erste Schöpfungsbericht lautet:

Am Anfang 2 Da war die Erde Chaos und Wüste, Dunkelheit war da angesichts der Urflut, und Gottes Geistkraft bewegte sich angesichts der Wasser. 3 Da sprach Gott: »Licht werde«, und Licht wurde. 4 Gott sah das Licht: Ja, es war gut. Und Gott trennte das Licht von der Finsternis. 5 Gott nannte das Licht ›Tag‹ und nannte die Finsternis ›Nacht‹. Es wurde Abend und wurde Morgen – Tag eins. 6 Da sprach Gott:»Es soll ein Gewölbe mitten in den Wassern sein, so dass es Wasser von Wasser trennt.« 7 Und Gott machte das Gewölbe und es trennte das Wasser unterhalb des Gewölbes von dem Wasser oberhalb des Gewölbes. So geschah es. 8 Gott nannte das Gewölbe ›Himmel‹. Es wurde Abend und wurde Morgen – ein zweiter Tag. 9 Da sprach Gott:»Das Wasser unter dem Himmel soll an einem Ort gesammelt werden, so dass das Trockene sichtbar wird.« So geschah es. 10 Gott nannte das Trockene ›Erde‹ und die Ansammlung des Wassers ›Meer‹. Und Gott sah: Ja, es war gut. 11 Da sprach Gott:»Die Erde lasse Grünes aufsprießen: Gewächse, die Samen aussäen, Fruchtbäume, die nach ihrer Art Früchte hervorbringen, in denen ihr Same ist, oberhalb der Erde.« Und so geschah es: 12 Die Erde brachte Grün hervor, Gewächse, die Samen aussäen nach ihrer Art, Bäume, die Früchte hervorbringen, in denen ihr Same ist nach ihrer Art. Und Gott sah: Ja, es war gut. 13 Es wurde Abend und wurde Morgen – ein dritter Tag. 14 Da sprach Gott:»Es sollen Lichter sein am Gewölbe des Himmels, um den Tag von der Nacht zu trennen. Sie sollen zu Zeichen werden für Festzeiten, für Tage und Jahre. 15 Sie sollen Lichter sein am Himmelsgewölbe, um die Erde zu beleuchten.« Und so geschah es: 16 Gott machte die zwei großen Lichter, das größere Licht zur Herrschaft über den Tag, das kleinere Licht zur Herrschaft über die Nacht, dazu die Sterne. 17 Und Gott setzte sie an das Gewölbe des Himmels, um die Erde zu beleuchten, 18 um über den Tag und über die Nacht zu herrschen und um das Licht von der Finsternis zu trennen. Und Gott sah: Ja, es war gut. 19 Es wurde Abend und wurde Morgen – ein vierter Tag. 20 Da sprach Gott:»Die Wasser sollen nur so wimmeln von lebenden Wesen, und über der Erde sollen Flugtiere fliegen – angesichts des Himmelsgewölbes.« 21 Da schuf Gott die großen Seeungeheuer und jedes sich bewegende Lebewesen, von denen das Wasser wimmelt nach ihren Arten, und alle geflügelten Tiere nach ihren Arten. Und Gott sah: Ja, es war gut. 22 Da segnete Gott sie und sagte:»Seid fruchtbar, vermehrt euch und füllt die Wasser der Meere. Die Flugtiere aber sollen sich auf der Erde vermehren.« 23 Es wurde Abend und wurde Morgen – ein fünfter Tag. 24 Da sprach Gott:»Die Erde soll lebende Wesen hervorbringen je nach ihrer Art, Vieh, Kriechtiere, das Wild der Erde nach seinen Arten.« Und so geschah es: 25 Gott machte das Wild der Erde nach seinen Arten, das Vieh nach seinen Arten und alle Kriechtiere auf dem Acker nach ihrer Art. Und Gott sah: Ja, es war gut. 26 Da sprach Gott:»Wir wollen Menschen machen – als unser Bild, etwa in unserer Gestalt. Sie sollen niederzwingen die Fische des Meeres, die Flugtiere des Himmels, das Vieh, die ganze Erde, alle Kriechtiere, die auf dem Boden kriechen.« 27 Da schuf Gott Adam, die Menschen, als göttliches Bild, als Bild Gottes wurden sie geschaffen, männlich und weiblich hat er, hat sie (1), hat Gott sie geschaffen. 28 Dann segnete Gott sie, indem Gott zu ihnen sprach: »Seid fruchtbar, vermehrt euch, füllt die Erde und bemächtigt euch ihrer. Zwingt nieder (2) die Fische des Meeres, die Vögel des Himmels und alle Tiere, die auf der Erde kriechen.« 29 Da sprach Gott:»Seht, ich übergebe euch alle Samen aussäenden Gewächse auf der ganzen Erdfläche, sowie jeden Baum, an dem Samen aussäende Baumfrüchte sind. Das soll euch als Nahrung dienen. 30 Auch allen Tieren der Erde, allen Vögeln des Himmels, allem, was auf der Erde kriecht, was immer mit einer Kehle lebt, soll alles grüne Gewächs als Nahrung dienen.« So geschah es. 31 Und Gott sah alles, was Gott gemacht hatte: Sieh hin, es ist sehr gut. Es wurde Abend, es wurde Morgen: der sechste Tag. 2 1 So wurden Himmel und Erde und alles, was in ihnen kämpft, zum Abschluss gebracht. 2 Gott aber brachte das eigene Werk am siebten Tag zum Abschluss, indem er am siebten Tag von all seinen Werk ruhte, das er getan hatte. 3 Und Gott segnete den siebten Tag und machte ihn heilig. Denn an ihm ruht sie von all ihrem Werk, das Gott geschaffen hat, um zu wirken (Gen 1,1– 2,3).

Obwohl beide Schöpfungstexte aus historisch und theologiegeschichtlich unterschiedlichen Epochen stammen, sind in ihrer Bewertung des Mensch-Tier-Verhältnisses deutliche Übereinstimmungen auszumachen. Das herausragende Kennzeichen ist in beiden Fällen die in ihrer Lebendigkeit begründete wesenhafte Zusammengehörigkeit von Mensch und Tier. Dadurch heben sie sich fundamental von der übrigen Schöpfung ab, zu der nach ersttestamentlicher Vorstellung auch die Pflanzen gehören. Mensch und Tier kommt gleichermaßen das Attribut naepaes zu, welches nicht Geist und Denken bezeichnet, sondern Lebensfreude – als eine Macht gegen Tod und Todessehnsucht. Das Phänomen »Leben« wird biblisch nicht bloß als besondere biologische Eigenschaft, sondern von seinem göttlichen

Ursprung her als wunderbare Gabe empfunden. Wie später noch näher erläutert wird, ruft die Anweisung »Macht euch die Erde untertan« bzw. »bemächtigt euch ihrer« den Menschen außerdem dazu auf, Verantwortung für die Schöpfung zu übernehmen und sie zu beschützen.

10. Der Sabbat ist die Krone der Schöpfung, nicht der Mensch

Auf einen besonderen Zustand hin ist das gesamte Schöpfungswerk ausgerichtet, nicht etwa auf das eine Geschöpf, den Menschen nämlich. Dieser muss sich bescheiden und hat noch nicht einmal einen eigenen Schöpfungstag wie die beneidenswerten Vögel und die Fische. Der siebente Tag, der Sabbat, ist die Krone der Schöpfung. Daraufhin ist sie ausgerichtet. Dieses Bild ist eher eine Vision, ein Hoffnungsbild als die Beschreibung eines Zustandes.

Und wie eine Illustration dazu klingen die prophetischen Worte des Jesaja:

11 1 Dann wird ein Zweig aus dem Baumstumpf Isais austreiben,
und ein Spross wächst aus seiner Wurzel heraus.
2 Auf dieser Person wird der Geisthauch Gottes ruhen,
der Geisthauch der Weisheit und Einsicht,
der Geisthauch des Rates und der Stärke,
der Geisthauch der Erkenntnis und der Ehrfurcht vor Gott.
3 Sie wird Wohlgefallen an der Ehrfurcht vor Gott haben.
Nicht nach dem Augenschein wird sie Recht aufrichten,
nicht nach dem Hörensagen Ausgleich schaffen.
4 Vielmehr wird sie in Gerechtigkeit die Schwachen richten,
in Aufrichtigkeit für die Armen des Landes entscheiden,
wird das Land mit dem Stock ihres Mundes schlagen
und mit dem Hauch ihrer Lippen die töten, die Böses tun.
5 Dann wird sie Gerechtigkeit als Gürtel um ihre Hüften
und die Treue als Gürtel um die Taille tragen.
6 Dann wird der Wolf beim Lamm als Flüchtling unterkommen,
und der Leopard wird beim Böckchen lagern;
Kalb, Junglöwe und Mastvieh leben zusammen, ein kleines Kind treibt sie.
7 Kuh und Bärin werden weiden, gemeinsam werden ihre Jungen lagern,
und der Löwe wird wie das Rind Stroh fressen.
8 Der Säugling wird vergnügt an der Höhle der Kreuzotter spielen,

und nach dem Loch der Giftschlange
wird das Kleinkind mit seiner Hand patschen.
9 Sie werden nichts Böses tun und kein Verderben mehr anrichten
auf dem ganzen Berg meiner *Heiligkeit,
denn die Erde ist erfüllt mit Erkenntnis Gottes,
wie die Wasser im Meer den Boden bedecken

(Jes 11,1–9).

Dem Propheten geht es nicht darum, eine naturale Idylle zu malen; so weltfremd ist er nicht. Im Gegenteil ist er so weltverbunden, dass er eine Vision und Hoffnung in eine Zeit setzt, die Gerechtigkeit und Frieden ersehnt. Er spielt dabei bewusst auf die Erinnerung des Volkes Israel an. Dass es sich erinnere an die Anfänge, an Gott, den Schöpfer allen Lebens, und seinen Segen. Die Erwartung des Messias ist entsprechend untrennbar mit der Schöpfungsbezogenheit des Menschen verbunden: Gerechtigkeit und Frieden gibt es nur mit allem, was lebt, nur mit den Tieren und nicht ohne sie.

Auch vor dieser Folie ist die Gestalt Jesu zu sehen, wie sie das Markusevangelium zeichnet: Sein Leben bei den wilden Tieren als Vorbereitung für sein öffentliches Auftreten am Anfang in Mk 1,12 und der Auftrag an seine Jüngerinnen und Jünger am Ende: »Geht hinaus in die ganze Welt und verkündet das Evangelium der ganzen Schöpfung« (Mk 16,15). Letzteres bedeutet dann sicher nicht, die Schöpfung zu »bepredigen«, sondern sie im Rahmen einer lebendigen Spiritualität und innerhalb eines verantwortlichen christlichen Lebensstils wertzuschätzen und zu würdigen.

11. Der Sohn Gottes als Mittler der Schöpfung

Im Brief des Apostels Paulus an die Kolosser heißt es:

15 Das Kind göttlicher Liebe ist Abbild der unsichtbaren Gottheit, erstgeboren in der Schöpfung.
16 Denn in ihm ist alles im Himmel und auf der Erde geschaffen worden, das Sichtbare und auch das Unsichtbare, Throne und Herrschaften, Mächte und Gewalten. Alles ist durch es und auf es hin geschaffen.
17 Und es ist vor allem da gewesen, und das All hat in ihm Bestand.
18 Und es ist das Haupt der ganzen himmlischen Versammlung. Das Kind göttlicher Liebe ist Anfang, erstgeboren aus den Toten, damit es in allem vorausgehe.
19 Denn in ihm hat es der ganzen Fülle Gottes gefallen, Wohnung zu nehmen,
20 und durch es das All zu versöhnen mit Gott, indem es Frieden auf Erden wie im Himmel machte durch das Blut, das an seinem Kreuz vergossen wurde.
21 Auch euch, die ihr einstmals fremd wart und feindlich, verstrickt in ein Denken, das durch schlechtes Handeln hervorgerufen wird,
22 hat es jetzt unter Einsatz seines körperlichen Lebens durch den Tod versöhnt, um euch heilig, ganz und unbescholten vor Gott zu stellen.
23 Vorausgesetzt allerdings, dass ihr im Glauben bleibt, fest gegründet und beständig, und euch nicht wegbewegt von der Hoffnung der Freudenbotschaft, die ihr gehört habt, weil sie allen Geschöpfen unter dem Himmel verkündigt wurde. Ein Diener dieser Freudenbotschaft, bin ich, Paulus, geworden

(Kol 1,15–23).

Spricht die erste Strophe von der universalen Schöpfungsmittlerschaft, formuliert die zweite die universale Heilsmittlerschaft Christi, und das gesamte Lied mündet in das freudige Bekenntnis zur Mitgeschöpflichkeit. In Christus ist in Anlehnung an die Friedensvision des Jesaja alles versöhnt und ein endgültiger shalom gestiftet worden. In der Theologie des Paulus findet sich der Gedanke, wonach Jesus auch der Vermittler der Schöpfung ist, noch an folgenden Stellen: »Einer ist der Herr; durch ihn ist alles und wir sind durch ihn« (1 Kor 8,6). Damit vermittelt der Erlöser einen Gott, der »alles in allem bewirkt« (vgl. 1 Kor 12,6), den »Gott und Vater aller, der über allem und durch alles und in allem ist« (Eph 4,6).

Die Aussagen von der Schöpfungsmittlerschaft Jesu Christi sollen den eschatologisch-endgültigen und universalen Charakter von Person und Werk des Nazoräers als die »Fülle der Zeit« (Gal 4,4) zur Geltung bringen und damit die christliche Freiheit und Verantwortung in der Welt, für die Schöpfung und somit auch die Tiere herausstellen. Innerhalb einer solchen universalen Christologie können Schöpfung und Erlösung, Natur und Gnade, Christentum und Welt nicht dualistisch gegen- oder nebeneinandergestellt werden. Christentum, Gnade und Erlösung sind kein zusätzlicher Luxus, kein Überbau oder eine Art zweites Stockwerk über der »bloß« natürlichen Wirklichkeit; umgekehrt ist dann diese natürliche Wirklichkeit für den Glauben weder gleichgültig noch böse Welt.

Wird nicht die ganze Schöpfung versöhnt, dann kann Christus nicht der Gesalbte und Gesandte Gottes sein, nicht Grund aller Dinge sein. Ist er dies aber, dann können Christinnen und Christen anderen Geschöpfen nicht anders als in Respekt und Ehrfurcht begegnen: die Hingabe Jesu in seinem Leben und Sterben geschah zum Heil der gesamten Schöpfung.

Wenn Jesus Christus somit die Zusammenfassung und das Ziel aller Wirklichkeit ist, dann empfängt die Welt und jedes Geschöpf darin von ihm her und auf ihn hin seinen eigenen Platz und seinen endgültigen Sinn. Das gilt dann für Kuh und Barin, das Kleinkind und den Säugling.

Keines dieser Geschöpfe ist zum technisierbaren und manipulierbaren Material des einen Geschöpfs, des Menschen, bestimmt. In einer versöhnten Schöpfungsgemeinschaft erfahren wir die Natur nicht mehr nur als Gegenstand und Gegenüber, sondern als ein Kontinuum: Wir selbst sind Natur, und Natur macht uns zu Menschen. Letztlich ist in Folge dieser Christologie die Ausrottung ganzer Pflanzen- und Tierarten als Sakrileg anzusehen!

Karl Barth, Begründer der dialektischen Theologie, spricht von einer »Verborgenheit ihres Seins mit Gott« und kennzeichnet 1959 im Anschluss an die Verantwortungsethik Albert Schweitzers die Ehre der nichtmenschlichen Kreatur hellsichtig so:

»Ihre Ehre ist die Verborgenheit ihres Seins mit Gott nicht weniger als unsere Ehre das Offenbarsein ist. Denn was wissen wir schließlich, welches die größere Ehre ist? Was wissen wir, ob es sich wirklich so verhält, daß der äußere Kreis der anderen Geschöpfe nur um des inneren, nur um des Menschen willen da ist? Was wissen wir, ob es sich nicht gerade umgekehrt verhält? Was wissen wir, ob nicht beide Kreise, der äußere und der innere, je ihre eigene Selbständigkeit und Würde, je ihre besondere Art des Seins mit Gott haben? Was besagt ihre Verschiedenheit gegenüber der Tatsache, daß der Mensch Jesus als geschöpfliches Wesen beider Kreise Mittelpunkt ist?«[35]

---

35. Karl Bart: Kirchliche Dogmatik, Bd. 3/2, Zürich 1959, S. 165.

12. Vom Krieg gegen die Tiere

Und unmittelbar in die Ethik führt eine der zentralsten Aussagen zur Schöpfungsbezogenheit des Menschen in der Theologie des Paulus:

12 Folglich nun, Geschwister, sind wir nicht den begrenzten menschlichen Verhältnissen verpflichtet, unser Leben nach ihren Maßstäben zu gestalten. 13 Wenn ihr nämlich in menschlichen Grenzen gefangen lebt, werdet ihr unausweichlich sterben. Wenn ihr aber mit Hilfe der Geistkraft den Zuständen ein Ende macht, in denen eure Körper benutzt werden, dann werdet ihr leben. 14 Alle, die sich von der göttlichen Geistkraft leiten lassen, sind Töchter und Söhne Gottes. 15 Denn ihr habt ja nicht eine Geistkraft erhalten, die euch zu Sklaven und Sklavinnen macht, so dass ihr weiterhin in Angst leben müsstet. Ihr habt eine Geistkraft empfangen, die euch zu Töchtern und Söhnen Gottes macht. Durch sie können wir zu Gott schreien:»Du Ursprung allen Lebens, sei unser Schutz!« 16 Die Geistkraft selbst bezeugt es zusammen mit unserer Geistkraft, dass wir Kinder Gottes sind. 17 Wenn wir aber Kinder Gottes sind, dann bekommen wir auch einen Anteil von dem, was ihr gehört. Wenn wir einen Anteil vom Reichtum Gottes erhalten, verbindet uns das mit dem Messias, so gewiss wir sein Schicksal teilen, auf dass auch wir zusammen mit ihm von Gottes Glanz erfüllt werden. 18 Ich bin überzeugt, dass das Leiden, das wir jetzt, zum gegenwärtigen Zeitpunkt erfahren, im Schein der göttlichen Klarheit, die sich an uns offenbaren wird, sein Gewicht verliert. 19 Die gespannte Erwartung der Schöpfung richtet sich darauf, dass die Töchter und Söhne Gottes offenbar werden. 20 Denn die Schöpfung ist einem Zustand der Gottesferne unterworfen, in dem nichts mehr Bestand hat – nicht aus freier Entscheidung, sondern gezwungen von einer sie unterwerfenden Macht. Sie ist aber ausgerichtet auf Hoffnung, 21 dass auch die Schöpfung selbst aus der Versklavung durch die Korruption befreit werde, befreit in die in göttlicher Klarheit aufscheinende Freiheit der Gotteskinder. 22 Wir wissen, dass die ganze Schöpfung mit uns gemeinsam stöhnt und mit uns zusammen unter den Schmerzen der Geburtswehen leidet – bis jetzt! 23 Denn nicht nur sie allein stöhnt, sondern auch wir, die wir schon die Geistkraft als ersten Anteil der Gottesgaben bekommen

haben, wir stöhnen aus tiefstem Innern, weil wir sehnlich darauf warten, dass unsere versklavten Körper freigekauft und wir als Gotteskinder angenommen werden. 24 Weil wir hoffen, sind wir gerettet. Aber eine sichtbare Hoffnung ist keine Hoffnung. Denn welche Hoffnung hat Bestand im Blick auf das Sichtbare? 25 Wenn wir auf etwas hoffen, das wir nicht sehen können, so gibt uns unser Widerstand die Kraft, darauf zu warten

(Röm 8, 12–25).

Die Schöpfung war wohl noch nie so offensichtlich durch »Korruption« versklavt wie in der immer mehr um sich greifenden ökologischen Katastrophe, deren Verursacher der Mensch ist. Dies betrifft vor allem die Tiere. Und zwar zum einen all die Tierarten in den unfassbar großartigen und komplexen Ökosystemen auf diesem Planeten und zum anderen die Tiere, die wir Nutztiere nennen. Der Erfolgsautor Jonathan Safran Foer beschäftigt sich in seinem Buch »Tiere essen« mit deren Haltung in der industriellen Landwirtschaft und kommt zu dem erschütternden Befund, dass wir einen Krieg führen gegen die Tiere, die wir essen. Oder besser ausgedrückt: Wir lassen einen Krieg führen. Dieser Krieg ist relativ neu und hat einen Namen: »Massentierhaltung.« Diese Art der Tierhaltung ist nicht nur deshalb problematisch, weil hier Tiere in großen Mengen gehalten, gezüchtet und geschlachtet werden, sondern wegen der sich darin zeigenden Geisteshaltung. Es handelt sich um ein System der intensiven und industriellen Landwirtschaft, in dem Puten, Hühner, Schweine etc. oft zu Zehn- oder Hunderttausenden genetisch verändert, in ihren Bewegungsmöglichkeiten eingeschränkt werden und unnatürliches Futter erhalten. Diesem werden fast immer Antibiotika zugesetzt, wodurch die Pharmaindustrie Erträge in Milliardenhöhe erwirtschaftet.

Weltweit stammen heutzutage jährlich etwa 450 Milliarden (!) Landtiere aus der Massentierhaltung; für Fische gibt es keine Zahlen. In den USA werden 99 % aller Landtiere, deren Fleisch, Eier oder Milch verkauft werden, in Massentierhaltung gezüchtet. Die Verhältnisse in Deutschland entwickeln sich in die gleiche Richtung. Wenn wir also heute über das Essen von Tieren und ihren »Produkten« reden, müssen wir über diese Art der industriellen Tierhaltung sprechen, auch wenn es Gott sei Dank daneben auch bedeutende Ausnahmen ökologischer Landwirtschaft gibt. Welche Geisteshaltung zeigt sich in der Massentierhaltung?

Jahrtausendelang orientierte sich die Landwirtschaft an den Zyklen der Natur; in der Massentierhaltung gilt die Natur als etwas zu Überwindendes: Die Produktionskosten werden auf das absolute Minimum gedrückt und die langfristigen Kosten wie Umweltzerstörung und Krankheiten bei Mensch und Tier werden systematisch ignoriert oder nach außen verlagert. Dass Schweinen die Schwänze »kopiert« und Puten die hoch sensiblen Oberschnäbel amputiert werden; dass Masthühner so gefüttert werden, dass das Knochenwachstum mit dem Fleischwachstum nicht mitkommt und die Tiere am Ende sich vor Schmerzen nicht mehr bewegen können, all das wird in Kauf genommen und verharmlost.

Wenn wir Christinnen und Christen es mit der Bewahrung der Schöpfung ernst meinen, braucht es einen neuen Lebensstil; denn die Küken und Jungrinder sind keine Rohlinge der Fleischindustrie, sondern Gottes geliebte Geschöpfe, die zumindest bei ihm allesamt (!) einen Namen haben. Das II. Vatikanische Konzil rief die Kirche dazu auf, die »Zeichen der Zeit« zu erkennen und durch eine prophetische Existenz zu beantworten, also durch eine entsprechende Lebenspraxis die Gegenwart Gottes in der Welt Wirklichkeit werden zu lassen. DAS Zeichen unserer Zeit ist die ökologische Katastrophe, zu deren Phänomenen auch die Massentierhaltung gehört, die die Konsumentinnen und Konsumenten durch ihr Einkaufsverhalten zementieren. Sich endlich als diejenigen zu erweisen, als die wir von Gott her gemeint sind: als Töchter und Söhne Gottes, darum geht es mehr denn je.

13. Ein Erfahrungswissen über die Naturen der Tiere

Es liegt nicht fern, die Schöpfungsgeschichte in Genesis 2,19 als »impliziten Herrschaftsauftrag« und notwendige Ergänzung zur Schöpfungsgeschichte in Genesis 1,26–28 als »explizitem Auftrag« aufzufassen: Das Sich-Vertrautmachen mit dem Tier wird zur Voraussetzung für die angemessen menschliche Haltung den/dem Anderen gegenüber. Dazu noch einmal der heilige Thomas von Aquin, der in der Summa theologica unter der Rubrik »Ob Adam im Unschuldsstande über die Tiere herrschte« schrieb:

»Die Menschen bedurften im Unschuldsstande der Tiere nicht für die leiblichen Bedürfnisse, weder zur Bekleidung, weil sie nackt waren und sich nicht schämten (...); noch zur Nahrung, weil sie sich von den Bäumen des Paradieses nährten, noch auch zur Fortbewegung wegen ihrer Körperstärke. Sie bedurften ihrer aber, um sich ein Erfahrungswissen über ihre Naturen anzueignen. Das wurde dadurch angedeutet, daß Gott die Tiere zu ihm hinführte, damit er ihnen Namen gebe, die ihre Natur bezeichnen.«[36]

Ein sehr starkes Wort: Es gilt im Prozess der Menschwerdung, sich ein Erfahrungswissen über die Naturen der Tiere anzueignen! Thomas nennt dies die »cognitio experimentalis« und buchstabiert somit eine Anthropologie mit dem Gesicht zum Tier. Er interpretiert also eine biblische Geschichte so, dass sie kulturgeschichtliche Erkenntnisse vorwegnimmt: Der Mensch wird Mensch im Blick auf das Tier. Und mehr noch, diese Deutung ist fast prophetisch in einer Kirche und Gesellschaft, die unter den Folgen einer Anthropologie mit dem Rücken zum Tier fast im- und explodiert. Wenn Erotik, Sexualität und Emotionalität − als einige Spielarten des Animalischen − über ganze Generationen hinweg wie ein wildes Tier weggesperrt werden, darf man sich nicht wundern, wenn sie sich in unkontrollierter und oft menschenverachtender Weise zeigen. Wenn der Mensch das Tier in sich verleugnet, wird er nicht zum Menschen! Zudem können wir die Geschichte von Bileam und seiner Eselin in einem tiefenpsychologischen Sinne lesen, als eine Legende also, die zur Wachheit gegen-

---

36. Thomas von Aquin: Summe der Theologie, Bd. 1: Gott und Schöpfung. Stuttgart 1985, S. 333.

über dem eigenen Leib aufruft: Achte auf das animal in Dir, und Deine anima wird ihren Weg mit Gott finden!

14. Tiere als von Gott Gesegnete und mit ihm Verbündete

In der überlieferten Weisheit Israels fließen die Erkenntnisse einer agrarischen Kultur mit denen einer leidenschaftlichen Gottsuche zusammen. Die Tiere spielen darin eine zentrale Rolle. Ich bin davon überzeugt, dass die heutige Gotteskrise damit zu tun hat, dass die Mitgeschöpfe mehr und mehr »ausgesperrt« wurden. Heutige Erkenntnisse aus der Ökologie, wenn ich sie mit den biblischen Texten zusammen lese, drängen in eine Umkehr, eine Neu-Besinnung.

Wer hätte gedacht, dass die Ausrottung der amerikanischen Wandertaube vor etwa 100 Jahren vermutlich dazu beigetragen hat, dass heute die Borreliose in Nordamerika zur Epidemie geworden ist und entsprechende Kosten verursacht? Aus Millionen von Tieren bestehende starke Schwärme fraßen einst die Eicheln ganzer Wälder. Ihre bewusst herbeigeführte Ausrottung (die letzten verbliebenen Exemplare wurden im Rahmen eines »Jagdfestes« abgeknallt) ließ die Mäusepopulationen boomen und verbesserte so die Lebensbedingungen für einen der Hauptwirte der Zecken. Es häufen sich Untersuchungen der Ökologen, die eine Facette dessen beleuchten, was Elias Canetti in seinem Roman »Die Fliegenpein« schreibt:

»Das Gedeihen der Welt hängt davon ab, dass man mehr Tiere am Leben erhält. Aber die, die man nicht zu praktischen Zwecken braucht, sind die wichtigsten. Jede Tierart, die stirbt, macht es weniger wahrscheinlich, dass wir leben. Nur angesichts ihrer Gestalten und Stimmen können wir Menschen bleiben. Unsere Verwandlungen nutzen sich ab, wenn ihr Ursprung erlischt.«[37]

Biblisches Nachdenken über die Schöpfung verdankt sich einerseits einem tiefen Wissen über die Schicksalsgemeinschaft von Mensch, Tier und Pflanze und zieht dann andererseits Schlüsse daraus, welche Bedeutung dies für die Gottesrede hat. Hier kommen zwei große Begriffe ins Spiel: Segen und Bund. Im Buch Hosea heißt es:

---

37. Elias Canetti: Die Fliegenpein. In: ZDF-Nachtstudio (Hrsg.): Mensch und Tier. Geschichte einer heiklen Beziehung. Frankfurt/M. 2001, S. 19.

»Ich schließe mit für sie an jenem Tag mit den Tieren des Feldes, den Vögeln des Himmels und dem Gewürm des Erdbodens einen Bund. Bogen und Schwert und Krieg breche ich weg aus dem Land und lasse sie in Sicherheit wohnen. Ich will dich für mich auf ewig gewinnen. Ich will dich für mich gewinnen durch Gerechtigkeit und Recht, durch Güte und Barmherzigkeit als Brautpreis. Ich will dich für mich durch Treue gewinnen. So sollst du ›die Ewige‹ erkennen. An jenem Tag geschieht's : ich werde antworten – so spricht ›die Ewige‹– , ich werde dem Himmel antworten, und der wird der Erde antworten. Die Erde wird dem Korn antworten und dem Most und dem Olivenöl. Und diese werden Jesreel antworten«

(Hos 2,20–24).

Der Prophet vergisst eben nicht den Wurm und erinnert, dass im Rahmen eines Bundes, der für das Volk Israel geschlossen wird, die Gesamtheit der Tiere die Dritten im Bunde sind. Die bekanntere Stelle Genesis 6–9 bildet den Referenztext:

18 Doch mit dir will ich meinen Bund aufrichten. Du sollst in den Kasten gehen, du selbst, deine Söhne, deine Frau und die Frauen deiner Söhne mit dir. 19 Von allem, was lebt, von allem Fleisch, sollst du je zwei von allem in den Kasten bringen, damit die mit dir am Leben bleiben; männlich und weiblich sollen sie sein. 20 Von den Vögeln nach ihrer Art, von dem Vieh nach seiner Art, von allem, was auf der Erde kriecht, nach seiner Art – zwei von allem sollen zu dir kommen, um am Leben zu bleiben. 21 Und du, nimm dir von aller Speise, die man essen darf, und lagere sie bei dir, das soll dir und ihnen als Nahrung dienen.« 22 Und Noach tat alles, wie Gott es ihm befohlen hatte, genau so machte er es. 1 Da segnete Gott den Noach und seine Familie und sprach zu ihnen:»Seid fruchtbar, vermehrt euch und füllt die Erde. 2 Doch Angst vor euch und Erschrecken vor euch komme über alle Tiere des Landes und über alle Vögel des Himmels, über alles, was auf der Erde kriecht, und über alle Fische des Meeres: In eure Gewalt sind sie gegeben. 3 Alles, was sich regt und in dem Leben ist, das soll euch als Speise dienen. Wie das grüne Gewächs übergebe ich das alles an euch. 4 Doch Fleisch mit seiner Lebenskraft, seinem

Blut, sollt ihr nicht essen.« 8 Dann sprach Gott zu Noach und zu seiner Familie, die bei ihm war: 9 »Was nun mich betrifft, sieh her, ich bin dabei, eine Bundesverpflichtung euch gegenüber einzugehen und gegenüber euren Nachkommen nach euch, 10 sowie gegenüber allen Lebewesen, die bei euch sind, gegenüber Vögeln und Vieh und allen Tieren, die mit euch auf der Erde sind, gegenüber allen, die aus dem Kasten gegangen sind, gegenüber allem Leben auf der Erde. 11 Und hiermit gehe ich meine Bundesverpflichtung euch gegenüber ein: Nicht noch einmal soll alles Fleisch von den Wassern der Himmelsflut vernichtet werden, nicht noch einmal soll die Flut kommen, die Erde zu verderben.« 12 Und Gott sagte: »Darin besteht das Zeichen der Bundesverpflichtung, die ich festlege zwischen mir und euch und allen lebendigen Wesen, die bei euch sind, auf ewige Zeiten: 13 Meinen Bogen setze ich in die Wolken. Der soll das Zeichen der Bundesverpflichtung sein zwischen mir und der Erde. 14 Und so wird es sein: Wenn ich über der Erde Wolken auftürme, wird der Bogen in den Wolken sichtbar werden. 15 Dann denke ich an meine Bundesverpflichtung zwischen mir und euch und allen Lebewesen, gegenüber allem Fleisch: Die Wasser werden nicht noch einmal zur Flut werden, um alles Fleisch zu verderben. 16 Der Bogen wird in den Wolken sein, ich werde ihn sehen und an die ewige Bundesverpflichtung zwischen Gott und allen lebendigen Wesen denken, gegenüber allem Fleisch, das auf der Erde ist.« 17 Da sagte Gott zu Noach: »Das ist das Zeichen der Bundesverpflichtung, die ich eingehe, zwischen mir und allem Fleisch, das auf der Erde ist« (Gen 6,18–22; 9,1–4. 8–17).

Der äußerst wichtige Begriff Bund kommt im hebräischen Alten Testament nicht nur 286-mal vor, sondern ist auch oft dort vorausgesetzt, wo er nicht direkt genannt wird. Metaphern wie die vom Vater, Hirten oder bei Hosea vom werbenden Bräutigam dienten dazu, den Begriff vor einer allzu formell juristischen Auffassung zu bewahren. Als Lebensgemeinschaft mit JHWE verlieh er den Israeliten ihr starkes Gottvertrauen, ein Bewusstsein der Geborgenheit, das den heidnischen Religionen weithin mangelte. Deren Beziehung zu den Gottheiten blieb oftmals magisch und angstbesetzt. Dagegen tritt im Bund des Alten Testaments das persönliche Handeln Gottes aufs Deutlichste hervor. Er selbst beruft und erwählt. Gott gibt somit dem Leben der

Nationen und dem Zusammenleben von Mensch und Tier Sinn. Er ist als Bundes-Herr Begründer und Garant der Naturordnung. Es handelt sich um eine einseitige, gnadenhafte Zusage ohne Bedingungen. Tiere dürfen nicht für irrelevant erklärt werden – weder die freilebenden Tiere, deren Lebensraum mehr und mehr zerstört wird, noch die so genannten Nutztiere in der Massentierhaltung und das anschließende leidvolle Schlachten. All dies stellt einen Verstoß gegen den Bund mit Gott dar und grenzt an den theologischen Sachbestand eines Sich-Schuldigmachens.

15. Vegetarismus?

Der zuletzt zitierte Text ist eine Reflexion über das gelebte Leben. Und so wundert es nicht, dass die Autoren auch über die gängige Praxis des Fleischkonsums nachdenken. So können wir den Absatz Genesis 9,1–4 als grundsätzliche Anfrage lesen: Ist es erlaubt, die Geschöpfe, die die Dritten im Bunde sind, zu töten? Gibt es eine theologische Legitimation dafür, die Schicksalsgefährten gleicher Herkunft zu verspeisen?

Und die Antwort ist auf den zweiten Blick verwirrend; denn zunächst wird der ursprünglich angeordnete Vegetarismus aufgehoben. Ja, mehr noch: wie in einer Schreckensvision wird von der Gewalt des Menschen als selbstverständliches Geschick der Tiere gesprochen. Doch direkt nachdem Fleischkonsum der vegetarischen Lebensweise gleichgestellt wird, formuliert der Autor das, was man klassisch eine paradoxe Intervention nennt: »Doch Fleisch mit seiner Lebenskraft, seinem Blut, sollt ihr nicht essen.« Und das gibt es einfach nicht: Fleisch ohne Blut! Die Praxis des Schächtens als Ausdruck der Ehrfurcht vor dem Blut als Sitz des Lebens ist eine Folge dieser Intervention. Doch jenseits einer solchen Praxis, die auch ethisch fragwürdig ist, bleibt die große und grundlegende Frage im Raum, sie wird nicht gelöst. Und letztlich stellt sie sich uns Heutigen weitaus massiver und bedrängender: im Blick auf die Folgen des unmäßigen Fleischkonsums für die Nachwelt und die so genannte Dritte Welt; im Blick auf die Zustände in der industriellen Tierhaltung und in den Schlachtfabriken auf dem Boden des christlichen Abendlandes mit seiner jüdisch-christlichen Tradition; im Blick auf die Erkenntnisse der modernen Verhaltensbiologie über das komplexe Leben der Tiere in ihren Sozialsystemen und die emotionalen und kognitiven Fähigkeiten der Hühner, Puten und Schweine. Mehr denn je stünde uns die Fragwürdigkeit unseres Tuns gut zu Gesichte, die die Autoren des Kohelet-Buches noch kennen:

Ich sagte mir in meinem Herzen, was die Menschen betrifft: Gott hat sie auserwählt, musste aber sehen, dass sie einander wie Tiere sind. 19 Und was das Schicksal der Menschen und das Schicksal der Tiere angeht: Ein und dasselbe Schicksal steht ihnen bevor. Der Tod von diesen gleicht dem Tod von jenen. Sie haben denselben Atem. Die Menschen haben keinen Vorrang vor den Tieren. Denn alles ist häwäl – alles vergeht. 20 Alles geht zu einem einzigen Ort. Alles ist aus Staub entstanden, und alles kehrt zum Staub zurück. 21 Wer weiß denn schon, ob der Atem der Menschen nach oben aufsteigt und ob der Atem der Tiere in die Erde hinabsteigt? 22 Ich sah: Es gibt nichts Gutes, als dass sich die Menschen bei ihren Werken freuen. Denn das ist ihr Anteil. Ja, wer könnte sie dahin bringen, das zu sehen, was nach ihnen kommt?

(Koh 3, 18–22.)

Eine Tierhaltung, die weder die geschöpfliche Würde des Tieres noch seine individuellen Bedürfnisse beachtet – die Tiere zur Masse degradiert – ist zutiefst fragwürdig.

16. Die zuerst Gesegneten

Der oben erläuterte Bundesschluss Gottes mit den Menschen und Tieren knüpft an das grundlegende Tun Gottes an, den Segen, von dem das Alte Testament als Erstes spricht: Segen ist im Alten Testament mal das gesprochene Segenswort, mal die durch das Wort freigewordene Kraft, die dem Gesegneten Gesundheit, Fruchtbarkeit, Glück und Erfolg verleiht. Das Verbum segnen kann bedeuten: jemanden groß, mächtig, erfolgreich, glücklich nennen, bekennen oder machen sowie jemanden lobpreisen oder beglückwünschen. Quelle und bevorzugter Spender des Segens ist Gott. Und bevor dieser in der Chronologie des ersten Schöpfungsberichts die Menschen segnet, kommt sein Zuspruch, glücklich zu sein, den Tieren zu. Auch der Auftrag, sich zu mehren und fruchtbar zu sein, bildet sozusagen Vorspiel und Fundament zur gleichen Aufforderung an den Menschen. Erst danach, vor diesem Verstehenshorizont, lesen wir vom Herrschaftsauftrag.

17. Biblische Weisung zur Zerstörung der Erde?

Liegt in Genesis 1,26–28 tatsächlich die Ursache für die ausbeuterische Grundeinstellung zur Natur und eine anthropozentrische Weltsicht? Neuere Untersuchungen dazu verweisen auf die historischen Sachverhalte. Drei kurze Hinweise lassen sich formulieren:

1. Das neuzeitliche und einseitig instrumentelle Naturverhältnis hat sich nur im Kontext des westlichen Christentums entwickelt, nicht etwa im östlichen Christentum von Äthiopien über Syrien und Armenien bis später Russland. Schon deshalb scheidet die Möglichkeit eines einfachen Kausalzusammenhangs von Christentum und Naturausbeutung aus.

2. Gen 1,26–28 kann nicht als Freibrief zu willkürlicher Verfügung über die Natur verstanden werden, sondern als Einweisung in eine umfassende Verantwortung auf der Erde. Eine Fülle altorientalischer Rollsiegel bestätigen, dass die Verben »untertan machen« (kabas) und »herrschen« (radah) die Rolle des Menschen als Treuhänder Gottes, sorgsamer Gärtner und schützend-fürsorglicher Hirte definieren.

Manche Theologen und Theologinnen schlagen im Blick auf Textfunde in Ägypten, Mesopotamien und neue hebräische Texte vor, den in Zeile 27 häufig verwendeten Übersetzungsbegriff der Ebenbildlichkeit durch den der Statue zu ersetzen. Eine solche hat die Funktion zu erinnern, zu mahnen. Für unser Thema bedeutet dies: Menschen und Tiere bewohnen ein einziges Haus, und der Mensch hat nur dies voraus, dass er für die Schöpfung insgesamt und die Tiere darin die Statue Gottes ist. Gottes Statue ist der Mensch nur, insofern er Verantwortung übernimmt – seine Gottebenbildlichkeit ist somit Gabe und Aufgabe zugleich.

3. Erst zu Beginn des 17. Jahrhunderts wurde der biblische Herrschaftsauftrag – gegen seinen Sinn – im westlichen Christentum als Aufforderung zu selbstherrlicher Verfügungsgewalt über die Natur verstanden. Für den Philosophen Eckhard Keßler und andere stellt Francis Bacon den Wortführer einer neuen mechanistischen Naturwissenschaft dar, der eben nicht mehr unterschied zwischen maßvoller Naturnutzung und Raubbau. Vielmehr suchte er erst nachträglich eine biblische Rechtfertigung für seine Auffassungen, ohne selbst noch beheimatet zu sein im biblischen Schöpfungsdenken.

18. Vom Ernst der Mitgeschöpflichkeit

Der biblische Mensch kam weder auf die Idee, das Tier zu vermenschlichen, noch es zur beweglichen Sache zu degradieren. Es war ein Wesen eigener Würde, eigenen Rechts und eigener Gottesbeziehung. Einer agrarisch geprägten Kultur liegt ein sentimentales Verhältnis zu den Tieren ohnehin fern, da in ihr der Aspekt des Nutzens und – damit verbunden – des Respekts überwiegt. Nicht erst Franz von Assisi hat entdeckt, dass die Tiere unsere Mitgeschöpfe sind und ein eigenes Lebensrecht haben. Es steht bereits im Sabbatgebot der beiden Dekaloge:

»Gedenke des Sabbats: Halte ihn heilig!
Sechs Tage darfst du schaffen und jede Arbeit tun.
Der siebte Tag ist ein Ruhetag, dem Herrn, deinem Gott geweiht.
An ihm darfst du keine Arbeit tun:
Du, dein Sohn und deine Tochter, dein Sklave und deine Sklavin,
dein Vieh und der Fremde, der in deinen Stadtbereichen Wohnrecht
hat«

(Ex 20,8–11 par. Dtn 5,12–15).

Der Gedanke der Tierruhe zieht eine Ausweitung der Bedeutung des Sabbats über den Bereich des nur Menschlichen hinaus nach sich. Jedenfalls wird an dieser Stelle – und das ist ja keine nebensächliche oder zufällige Stelle – der Mensch in einen direkten Bezug zu den Tieren und somit zur übrigen Schöpfung gebracht. Auch nach weisheitlicher Maxime ist eine gerechte Gesellschaft diejenige, die nicht nur um die elementaren Bedürfnisse der Menschen, sondern auch um die ihrer Nutztiere weiß. Im Buch der Sprüche heißt es:

»Der Gerechte kennt die Bedürfnisse seines Viehs«

(Spr 12,10).

Es sind oft die weisheitlichen Schriften der Bibel, die aus der Tierbeobachtung Rückschlüsse auf menschliches Verhalten ziehen:

»Geh zur Ameise, du Fauler, sieh ihre Wege und werde weise.
Die kein Oberhaupt hat, noch Amtmann oder Herrscher,
sie bereitet im Sommer ihr Brot und sammelt ihre Speise in der Ernte«
(Spr 6,6–8).

Ich lese diese und andere fast humorvolle Texte nicht als Äußerungen
einer sentimentalen und romantisierenden Feld-, Wald- und Wiesen-
theologie, weil hier nur die lichten Seiten der Natur zum Vorschein
kämen. In all diesen Texten zeigt sich nämlich die enge Verbundenheit
von Mensch und Tier, aber auch die gemeinsame Verpflichtung, die von
Gott gesetzte Ordnung zu bewahren. Beide sind letztlich von Gottes
Fürsorge abhängig. Beide sind davon abhängig, dass Gott sie ernährt
und erhält, und beide haben letztlich auch eine eigene Gottesbeziehung.
Nicht nur in Psalm 104 wird dies in wunderbarer Weise besungen:

1 Segne die Eine, du meine Lebenskraft!
Die Eine, meine Gottheit – so groß bist du!
Majestät und Glanz kleiden dich.
2 Die sich in Licht hüllt wie in einen Umhang,
den Himmel ausspannt wie eine Zeltbahn.
3 Die ihre Wohnung hoch im Wasser baut,
Wolken zu ihrem Gefährt bestimmt,
auf den Flügeln des Sturms spazieren geht.
4 Die Stürme zu ihren Boten macht,
zu ihren Dienerinnen Feuerflammen.
5 Gegründet hat sie die Erde auf ihren Fundamenten,
dass sie nicht wanke – immer und alle Zeit.
6 Die Urflut bedeckte wie ein Kleid die Erde,
über den Bergen standen die Wasser.
7 Vor deinem Grollen ergriffen sie die Flucht,
vom Klang deines Donnerns wurden sie aufgewühlt.
8 Sie stiegen die Berge empor, flossen herab in die Ebenen –
bis zu dem Ort, den du für sie gegründet hast.
9 Eine Grenze hast du ihnen gesetzt, die überschreiten sie nicht.
Sie kommen nicht zurück, die Erde zu bedecken.
10 Quellen schickst du in ihre Täler. Zwischen den Bergen gehen sie
dahin,

11 tränken alle Lebewesen der Wildnis. Wildesel löschen ihren Durst.
12 Über ihnen wohnen die Vögel des Himmels,
aus dem Gebüsch lassen sie ihre Stimmen hören.
13 Die Berge tränkst du aus deiner hohen Wohnung,
von der Frucht deiner Werke wird die Erde satt.
14 Du lässt Gras wachsen für das Vieh
und Pflanzen für die Arbeit der Menschen,
um Brot aus der Erde hervorzubringen,
15 dazu Wein – er erfreut das menschliche Herz –,
Öl, um die Gesichter glänzen zu lassen,
und Brot, um das menschliche Herz zu stärken.
16 Satt werden die Bäume der Einen,
die Zedern des Libanon, die sie gepflanzt hat,
17 wo Vögel nisten, der Storch in den Wipfeln sein Haus hat.
18 Die hohen Berge sind für die Steinböcke,
die Felsen Zuflucht für die Klippdachse.
19 Den Mond hat sie für die Festzeiten gemacht,
und die Sonne, die selbst den Ort ihres Untergangs kennt.
20 Du bestimmst, dass Finsternis sei, und es wird Nacht.
Dann regen sich alle Lebewesen des Waldes.
21 Die Junglöwen brüllen nach Beute,
um von Gott ihre Nahrung zu fordern.
22 Geht die Sonne auf, ziehen sie sich zurück
in ihre Wohnungen und legen sich nieder.
23 Und heraus geht der Mensch, an sein Werk,
an seine Arbeit bis zum Abend.
24 Wie viele sind deine Werke, du, die Eine!
Alles hast du in Weisheit gemacht.
Voll ist die Erde von deinen Geschöpfen.
25 Da ist das Meer, groß und weit nach allen Seiten,
da tummeln sich ohne Zahl kleine Lebewesen mit großen.
26 Dort: Schiffe fahren herum,
der Leviatan, den hast du geformt, mit ihm zu spielen.
27 Alle warten auf dich, dass du ihnen Nahrung gibst zu ihrer Zeit.
28 Du gibst ihnen – sie sammeln ein.
Du öffnest deine Hand – sie werden satt an Gutem.
29 Du verbirgst dein Angesicht – sie erschrecken.

Du nimmst ihre Geistkraft zurück – sie sterben,
werden wieder zu Staub.
30 Du schickst deine Geistkraft – sie werden geschaffen,
neu machst du das Angesicht des Erdbodens.
31 Die strahlende Macht der Einen für immer!
Die Eine freue sich an ihren Geschöpfen.
32 Die die Erde anschaut, dass sie erbebt,
die Berge berührt, dass sie rauchen.
33 Singen will ich der Einen mit meinem Leben,
für meine Gottheit musizieren mit meinem Dasein!
34 Möge ihr gefallen, was ich ersinne – ich will mich freuen über die
Eine!
35 Verschwinden sollen Verbrechen von der Erde,
Gewalttätige sollen nicht mehr sein.
Segne die Eine, du meine Lebenskraft!
Hallelujah! Lobt Jah! (Ps 104.)

Die Tiere sind darin nicht hübscher Zierrat, sie sind gleichberechtigte
Mitgeschöpfe und fungieren als religiöses Leitbild. Im Gegensatz zum
Menschen, der seinen Platz in der Schöpfung nicht (mehr) kennt oder
kennen will, folgt das Tier der ihm gegebenen Ordnung und weiß um
seinen Ort:

»Selbst der Storch am Himmel kennt seine Zeiten, Turteltaube,
Schwalbe und Drossel beachten die Zeit ihrer Rückkehr, aber mein
Volk kennt die Rechtsordnung des Herrn nicht«

(Jer 8,7).

19. »Aber frage doch das Vieh …«

»… ,dass es dich unterweise, und die Vögel des Himmels, dass sie's dir erzählten!«
Diese Aufforderung findet sich mitten im Buch Hiob (Kap. 12,7), das wie kaum ein anderes biblisches Buch so starke Spuren in der Menschheitsliteratur hinterlassen hat. Und die Tiere spielen darin eine Schlüsselrolle: Im Ringen um die Frage, warum das Leben der Geschöpfe eben nicht mehr paradiesisch, sondern leidvoll und diese Welt eher chaotisch denn geordnet ist, und in der alles entscheidenden Frage, was wir denn meinen, wenn wir »Gott« sagen.
Hier ist ein Blick in die Gottesreden und den dort verwendeten Gottes-Namen hilfreich. Denn die erste der beiden Gottesreden (38,1–39,30) entfaltet den Gedanken, dass die Welt ein dynamischer Lebensorganismus ist und nicht eine statische und sterile Aneinanderreihung von Elementen und Requisiten, die nur dem Menschen zu dienen hätten. In ihrem zweiten Teil (38,39–39,30) beschreibt die Gottesrede unter Aufnahme des altorientalischen Motivs vom »Herrn der wilden Tiere« Gottes grundsätzliche Bejahung und Zustimmung zu den vom Menschen als nutzloses oder aggressives Chaos beurteilten Bereichen der Wüste und des Urwaldes.

38 1 Da reagierte der Ewige auf Hiob aus dem Wettersturm
und sprach:
2 »Wer ist es, der den Plan verdunkelt
mit Worten ohne Wissen?
3 Gürte doch wie ein Mann deine Lenden!
Ich will dich fragen – lehre du mich!
4 Wo bist du gewesen, als ich die Erde gründete?
Erzähle es mir, wenn du Einsicht weißt!
5 Wer setzte ihre Maße – du weißt es ja offenbar?!
Oder wer hat die Messschnur über sie ausgespannt?
6 Worauf sind ihre Pfeiler eingesenkt?
Oder wer hat ihren Eckstein gelegt,
7 als die Morgensterne miteinander jauchzten
und alle Götterwesen frohlockten?
8 Und wer hat mit Toren das Meer verschlossen,

als es hervorbrechend aus dem Schoß trat,
9 als ich ihm Gewölk zum Kleid machte
und Wolkendunkel ihm zur Windel,
10 als ich über ihm meine Satzung zur Geltung brachte,
ihm Riegel und Tor setzte
11 und sprach: ›Bis hierher kannst du kommen und nicht weiter,
hier bricht es bei der Höhe deiner Wellen!‹ ?
12 Hast du an einem deiner Tage dem Morgen befohlen,
der Morgenröte ihren Ort angewiesen,
13 dass sie die Säume der Erde fasse,
dass die Bösen von ihr abgeschüttelt werden?
14 Sie stülpt sich um wie gesiegelter Ton,
sie stehen da wie ein Kleid.
15 So wird den Bösen ihr Licht entzogen
und der erhobene Arm wird zerbrochen.
16 Bist du bis zu den Quellen des Meeres gekommen
und auf dem Urgrund des Meeres herumgegangen?
17 Haben sich dir die Tore des Todes aufgetan
und hast du die Tore der Finsternis gesehen?
18 Hast du Acht gehabt bis zu den Weiten der Erde?
Erzähle, wenn du das alles weißt!
19 Wo ist denn der Weg zur Wohnstatt des Lichts,
und die Finsternis – wo ist denn ihr Ort –,
20 du bringst sie ja wohl in ihr Gebiet
und kennst ja offenbar die Pfade zu ihrem Haus!?
21 Du weißt es, du wurdest ja damals geboren
und die Zahl deiner Tage ist groß!
22 Bist du zu den Kammern des Schnees gekommen
und hast du die Kammern des Hagels gesehen,
23 den ich aufgespart habe für die Zeit der Drangsal,
für den Tag des Kampfes und des Krieges?
24 Wo ist denn der Weg, da sich das Licht teilt,
der Ostwind sich über die Erde zerstreut?
25 Wer hat der Regenflut eine Rinne gegraben
und einen Weg für die Donnerwolke,
26 um regnen zu lassen auf das Land, wo niemand lebt,
auf die Steppe, in der kein Mensch ist,
27 um zu sättigen Verwüstung und Zerstörung

und um sprießen zu lassen frisches Gras?
28 Gibt es für den Regen einen Vater
oder wer hat die Tropfen des Taus gezeugt?
29 Aus wessen Schoß ist das Eis hervorgegangen
und der Reif des Himmels – wer hat ihn geboren?
30 Wie Steine verbergen sich die Wasser
und die Oberfläche der Urflut fügt sich fest.
31 Knüpfst du die Bande des Siebengestirns
oder löst du die Fesseln des Orion?
32 Führst du ein bestimmtes Sternbild zu seiner Zeit heraus,
die Große Bärin samt ihren Kindern – hütest du sie?
33 Kennst du die Satzungen des Himmels,
legst du seine Urkunde auf die Erde nieder?
34 Erhebst du deine Stimme zu den Wolken
und Wasserschwall bedeckt dich?
35 Schickst du Blitze aus und sie gehen
und sprechen zu dir: ›Da hast du uns!‹ ?
36 Wer hat in den Ibis Weisheit gelegt
oder wer hat dem Hahn Einsicht gegeben?
37 Wer zählt die Wolken mit Weisheit ab
und die Schläuche des Himmels – wer schüttet sie aus,
38 wenn sich der Erdstaub ergießt zum Gusswerk
und Erdschollen zusammenkleben?
39 Erjagst du für die Löwin Beute
und das Lebensbegehren der jungen Löwen erfüllst du?
40 Sie ducken sich ja in den Verstecken,
hocken im Dickicht auf Lauer.
41 Wer bereitet den Raben ihre Nahrung?
Ihre Jungen schreien ja zu Gott,
irren umher ohne Speise.
39 1 Weißt du die Zeit des Gebärens der Steinziegen,
das Kreißen der Hirschkühe bewachst du?
2 Zählst die Monate, da sie trächtig sind,
und kennst die Zeit ihres Werfens?
3 Sie kauern sich hin, gebären ihre Jungen
und sind ihre Wehen mit einem Mal los.
4 Es erstarken ihre Jungen, werden groß auf freiem Feld,
ziehen davon und kehren nicht mehr zurück.

5 Wer hat den Onager freigelassen,
die Fesseln des Wildesels – wer hat sie geöffnet –,
6 dem ich zu seiner Behausung die Steppe gesetzt habe
und zu seiner Wohnstätte das Salzland?
7 Er verlacht das Gewühl der Stadt,
das Geschrei der Treiber hört er nicht.
8 Er erkundet die Berge als sein Weideland,
allem Grün spürt er nach.
9 Wird dir der Wildstier dienen wollen
oder übernachtet er an deiner Futterkrippe?
10 Bindest du den Wildstier in der Furche an sein Seil
und pflügt der dann die Täler hinter dir her?
11 Traust du ihm – groß ist ja seine Kraft –
und überlässt du ihm deine Arbeit?
12 Glaubst du ihm, dass er deine Saat wiederbringt
und auf deiner Tenne sammelt?
13 Der Flügel der Straußenhenne freut sich –
ist ihre Schwinge so wie die des Storches oder eine Flugfeder?
14 Sie gibt ja ihre Eier der Erde preis,
lässt sie auf dem Sand warm werden
15 und vergisst: Ein Fuß zerdrückt sie
und Wildgetier des Feldes zertritt sie.
16 Sie behandelt ihre Jungen hart, als wären es nicht ihre,
vergebliche Mühe kümmert sie nicht.
17 Die Gottheit ließ sie ja Weisheit vergessen
und gab ihr keinen Anteil an Einsicht.
18 In dem Moment aber, da sie in die Höhe schnellt,
verlacht sie das Pferd und die auf ihm reiten.
19 Gibst du dem Pferd Kraft,
bekleidest du seinen Hals mit einer Mähne,
20 lässt du es springen wie eine Heuschrecke?
Die Hoheit seines Schnaubens ist Schrecken.
21 Es scharrt im Tal und freut sich,
mit Kraft zieht es dem Kampf entgegen.
22 Es verlacht die Furcht und erschrickt nicht,
macht vor dem Schwert nicht kehrt.
23 Auf ihm klirrt der Köcher,
die Flamme des Speers und der Wurfspieß.

24 Mit Donnern und Tosen schlürft es die Erde,
steht nicht still beim Ton des Horns.
25 Sooft das Horn ertönt, schnaubt es laut,
von ferne riecht es den Krieg,
den Lärm der Heerfürsten und Kriegsgeschrei.
26 Schwingt von deiner Einsicht der Falke auf
und breitet seine Flügel für den Südwind aus?
27 Oder folgt auf dein Geheiß der Emporflug des Gänsegeiers
und errichtet der Geier hoch seinen Horst?
28 Felsen bewohnt er und nächtigt dort
auf der Felszacke und an der Steilwand.
29 Von dort erspäht er sein Fressen,
von ferne her blicken seine Augen.
30 Seine Jungen gieren nach Blut
und wo Erschlagene sind, da ist er.«
40 1 So reagierte der Ewige auf Hiob und sprach:
2 »Will der Oberlehrer streiten mit der Gottheit,
die Macht über die Macht hat?
Wer Gott zurechtbringen will, soll antworten!«
3 Da reagierte Hiob auf den Ewigen und sprach:
4 »Schau, ich bin zu leicht. Was kann ich erwidern?
Ich lege meine Hand an meinen Mund.
5 Einmal habe ich geredet und ich entgegne nicht mehr –
ein zweites Mal und ich füge nichts hinzu«

(Hiob 38–39. 40,1–5).

Während in der gesamten Hiob-Dichtung der Hebräischen Bibel der
Gottesname immer El (kanaanäischer Gottesname) oder Schaddai
(der Allmächtige) heißt, antwortet jetzt Jahwe – der Gott, den die
Israeliten solidarisch in der leidvollen Situation der Sklaverei in Ägypten und befreiend in der Herausführung im Exodus erfahren haben.
Dem Hiob antwortet nun der, der sich selbst in Exodus 3,14 als »Ich
bin der ›Ich-bin-da‹« vorgestellt hat. Damit wird auch die Ebene angedeutet, in der Mensch und Jahwe einander begegnen können –
nicht auf der Ebene des Rechts, sondern in den Kategorien von Erfahrung und Einsicht.

Das Hiob-Buch wirbt in seinen literarisch fiktiven Gottesreden um eine Spiritualität, in der es neben Gott und den Menschen noch Raum für eine eigenständige Natur und ihre Repräsentanten, die Tiere, gibt. Es mutet fast modern an, dass das Buch gegen einen zu engen, schematischen und insbesondere nur aus menschlichen Einsichten und Interessen erwachsenen Ordnungs- und Schöpfungsbegriff protestiert. Das Hiob-Buch wirbt um eine Weltsicht, in der die vom Menschen nicht durchschauten, beherrschten und planbaren Bereiche ihren Platz haben müssen, soll die Schöpfung nicht zu einer Weltmaschine oder zu einer Gartenzwergidylle verkommen. In der Konsequenz dieses Ansatzes wäre ein Schöpfergott zu denken, der sich ganz auf den Prozess von Leben und Sterben einlässt, ja, dass er diesen spannungsreichen Bogen geradezu selbst spannt, – wenn man so anthropomorph reden kann – miterlebt und miterleidet. Der große Theologe am Ende des Mittelalters, Nikolaus von Kues, wird später sagen, dass Gott sich in der Welt entfaltet.

Diese Antwort auf die Sinnfrage eines Leidgeprüften mag auf den ersten Blick zynisch oder brutal erscheinen, sie ist es doch auf den zweiten Blick nicht; denn Leid macht Angst und verengt den Blick. Und aus dieser Enge will Gott selbst den Hiob herausführen, indem er ihm die Weite der Schöpfung erklärt. Somit wird die Perspektive umgekehrt. Die Botschaft der Gottesreden ist eigentlich eine den Menschen entlastende, weil er nicht Dreh- und Angelpunkt der ganzen Welt zu sein braucht, und damit ist sie eine wirklich tröstliche Botschaft. Die Beobachtung der Sorge Gottes für die Schöpfung soll Hiob Mut und Zuversicht geben. Für den biblischen Menschen scheint es kein Problem gewesen zu sein, dies ganz konkret im Blick auf seine Mitgeschöpfe und ihre unterschiedlichen Lebensweisen wahrzunehmen und von den Tieren zu lernen. In derselben Tradition israelitischer Weisheit hat Jesus von Nazareth, der Neue Adam, seinen Jüngerinnen und Jüngern die Vögel des Himmels und die Lilien des Feldes als Lehrmeisterinnen vor Augen geführt, die die Gott-Unmittelbarkeit nicht verloren haben:

»Seht euch die Vögel des Himmels an: Sie säen nicht und ernten nicht, sammeln auch keine Vorräte in Scheunen – und Gott, Vater und Mutter für euch im Himmel, ernährt sie. Unterscheidet ihr euch nicht in vielem von ihnen? 27 Könnt ihr eurem Lebensalter auch nur eine kurze Strecke hinzufügen, indem ihr euch Sorgen macht? 28 Und was sorgt ihr euch um Kleidung? Betrachtet die Blumen auf den Feldern, wie sie sich im Wachsen entfalten: Sie mühen sich nicht ab und spinnen kein Kleid. 29 Doch ich sage euch: Nicht einmal Salomo in all seinem Glanz war schöner gekleidet als eine dieser Feldblumen«

(Mt 6,26–29).

20. Der Königsweg der Einsicht ist die Erfahrung

Jane Goodall, die aufgrund ihrer langjährigen intensiven Arbeit mit Schimpansen alles andere als eine romantisierende Sicht der Natur und »ihrer« Tiere erlangt hat, beschreibt in ihrer Autobiografie folgendes Ereignis: Es ist im Mai 1981, nach dem Tod ihres Mannes Derek, als sie nach Gombe zurückkehrt. Eigentlich will sie diesmal die Schimpansen nicht beobachten, sondern nur ihre Gesellschaft genießen. Nach einem Gewitter sitzt sie an einem vertrauten Ort unter einer Palme im Regen. Sie sieht eine junge Schimpansenmutter, die sich vornübergebeugt hat, um ihr Kind zu schützen, ein junges Männchen, das sich im Nest dicht an sie drückt und ein weiteres, das mit gebeugtem Rücken auf einem Ast kauert. »Wie ich zusammengekauert da saß, verlor ich jedes Zeitgefühl. Die Schimpansen und ich bildeten eine stille, klaglose Einheit …« So erzählt Jane Goodall in ihrer Biografie »Grund zur Hoffnung«, die in dieser Situation eine sehr intensive, alles durchdringende spirituelle Erfahrung gemacht hat: »Mein *Ich* war nicht mehr da; die Schimpansen und ich, Erde, Bäume und der Himmel schienen miteinander zu verschmelzen und eins zu werden mit der geistigen Kraft des Lebens.«[38]

Die Naturwissenschaftlerin, die sonst so nüchtern beobachtet und akribisch genau beschreibt, wagt eine Aussage, die sonst nur bei großen Mystikern zu finden ist. Erst der Chor der laut rufenden Schimpansen holt sie ins Alltagsbewusstsein zurück. Wenig später versucht Jane Goodall für sich zu klären, was sich ereignet hat, und sie kommt zu dem Schluss, dass es viele Fenster gibt, um die Welt zu erkennen und um einen Sinn zu finden. Die westliche Wissenschaft habe ihr eines geöffnet, um in sorgfältigen Aufzeichnungen und kritischen Analysen die Welt der Schimpansen und ihr komplexes Sozialverhalten ein wenig zu erhellen. Aber es gäbe noch ein anderes Fenster, das sich den Heiligen, den Mystikern und den Begründern der großen Weltreligionen geöffnet habe. »An jenem Nachmittag war es so gewesen, als hätte eine unsichtbare Hand einen Vorhang beiseite gezogen, so daß ich für den Bruchteil eines Augenblicks durch ein solches Fenster schauen konnte.«[39]

---

38. Jane Goodall: Grund zur Hoffnung. München 1999, S. 222, 223.
39. Ebd., S. 225.

Wenn diese »Ek-stase« auf Gott hin dem Menschen zur Einheits-Erfahrung wird, beginnt dieser zu ahnen, dass Gott nicht nur das Du ist, dem er in Liebe begegnet, sondern auch der Grund, der die Einheitserfahrung trägt. Gott, dem das Geschöpf immer auch gegenübersteht, ist zugleich die schöpferische Kraft, die diese Erfahrung von Gottes Du erst möglich macht, oder in der christlichen Sprache vom dreieinigen Gott: Der eine Gott ist zugleich der, der mich als Schöpfer übersteigt und mir in Christus sein ewiges Wort, das Mensch wurde, zuspricht, wie auch der Geist, der alles durchlebt und zum göttlichen Du hin öffnet.

Die natur-mystische Erfahrung, wie sie Jane Goodall beschreibt, ermutigt Exerzitienmeister und geistliche Lehrer jedweder religiösen und konfessionellen Prägung, die Natur als »Lehrmeisterin« ernst zu nehmen und sich ihrer besonderen Pädagogik anzuvertrauen. Der Priester Franz Jalics – in der großen jesuitischen Exerzitientradition stehend – tituliert die natürliche Mitwelt als solche und empfiehlt sie den Übenden, um den Weg in die Wahrnehmung zu finden. Denn man muss kein großer geistlicher Meister sein, um zu wissen, dass der Weg zu Gott sich durch die Wahrnehmung öffnet und nicht durch das diskursive Denken. Gott ist da, aber wir nehmen ihn nicht wahr. Und welche Rolle spielen die Tiere darin? Sind sie interessante Accessoires innerhalb einer zur inneren Ruhe führenden naturalen Choreografie?

Die Erfahrung Jane Goodalls, die wie kaum jemand anderes die hellen und dunklen Seiten der Schimpansen erlebt hat, zeigt den Weg zu einer anderen Bewertung der Tiere innerhalb der Naturmystik; eine Weise, die dazu führt, sich die große »Lehrmeisterin Natur« nicht länger in ästhetischer Betrachtung »vom Leibe zu halten.« In den Tieren begegnet uns das ganz andere und doch noch so vertraute Du. Dem Menschen als dem »Neinsagenkönner« und »Protestanten gegen alle bloße Wirklichkeit« – so der Philosoph Max Scheler – kommt das Tier konfrontativ entgegen als dasjenige Verwandte, »das immer ›Ja‹ zum Wirklichsein sagt – auch da noch, wo es verabscheut und flieht.«[40]

Innerhalb des Konzepts des Anthropologen lebt das Tier immer ganz (»voll«) »in die konkrete Wirklichkeit seiner jeweiligen Gegen-

---

40. Max Scheler: Die Stellung des Menschen im Kosmos. München 1975, S. 55.

wart hinein«, während der Mensch »seine eigene Herzensleere als eine ›unendliche Leere‹ des Raumes und der Zeit« anblicken muss.[41] Die Tiere verkörpern – je nach Gattung und evolutionsbiologischer Nähe zum Menschen anders und mehr oder weniger intensiv – jene Kraft des Ja, die dessen existenzielle Infragestellung (noch) nicht kennt.

---

41. Ebd., S. 46.

IV. Vordenker einer Wertschätzung für die Natur und die Tiere: Rainer Maria Rilke, Nikolaus von Kues und Martin Buber

Wissenschaftlerinnen und Wissenschaftler sind sich nicht einig, wie viele Arten von Pflanzen und Tieren es nun tatsächlich gibt auf unserem Planeten; vermutlich zwischen fünf und 30 Millionen. Der heutige Rückgang der Vielfalt scheint sich inzwischen dem Ausmaß des Artensterbens während der großen Naturkatastrophen am Ende des Paläozoikums und des Mesozoikums anzunähern und damit zum größten Einschnitt für das Leben auf der Erde seit 65 Millionen Jahren zu werden. Die Verantwortung dafür trägt ausschließlich eine Art: Homo sapiens in seiner besonderen Ausprägung des Menschen in den Industrienationen.

Wissenschaftliche Untersuchungen zum Beispiel aus Japan, Australien und Singapur prognostizieren, dass bis zum Ende dieses Jahrhunderts ein Großteil der Pflanzen- und Tierarten in Südostasien ausgestorben sein werden. Grundlage ihrer Untersuchungen war der Rückgang der Fauna und Flora in Singapur in der Vergangenheit: Seit 1819 haben dort Rodungen und landwirtschaftliche Übernutzung 95 % der Waldfläche zerstört, was zu einem massenhaften Aussterben vor allem waldbewohnender Tiere führte – etwa die Hälfte aller Arten ist dabei verschwunden. Werden diese Daten nun auf ganz Südostasien extrapoliert, wo in den nächsten 100 Jahren voraussichtlich bis zu 74% der Waldfläche gerodet werden, so ist zu befürchten, dass sich bis 2100 dort die Zahl der Tier- und Pflanzenarten um 13 bis 42 % verringert. Ähnliche Untersuchungen gibt es inzwischen für viele Regionen dieser Welt.

»Mit zunehmender Erkenntnis werden die Tiere den Menschen immer näher sein. Wenn sie dann wieder so nahe sind wie in den alten Mythen, *wird es kaum mehr Tiere geben.*« Dieses Canetti-Wort fungiert auch als Überschrift für die andere skandalöse Weise des Verlustes des Tieres, nämlich in einer industriellen Tierhaltung und Lebensmittelindustrie. Davon war bereits die Rede. In Deutschland stammen rund 98 % aller zum Verzehr gehaltenen Tiere aus Massentierhaltungsbetrieben: Bei Rindern sind es 95,7 %, bei Schweinen 99,3 %, bei Geflügel 97,9 %. Diese Zahlen basieren auf einer 2008 veröffentlichten Studie des Statistischen Bundesamtes. Ebenso die folgenden Zahlen der im Jahr 2009 allein in Deutschland geschlachteten Tiere: 56.415.489 Schweine; 3.803.554 Rinder, Kälber und Jungrinder; 1.045.718 Schafe und Lämmer; 27.821 Ziegen; 9.413 Pferde. Dazu kommen 584.952.800 männliche und weibliche »Gebrauchsküken«. 40 Millionen Hahnenküken wurden zudem vergast, geschreddert oder durch Elektroschocks getötet, weil sie für die Eierproduktion unbrauchbar waren.

Einen Kontrast zu diesen katastrophalen Auswirkungen des Tier- und Naturbildes, wie es in den Industrienationen vorherrscht, bilden neben den bereits behandelten biblischen Geschichten auch einzelne Dichter, Philosophen und Theologen. Auch sie markieren einen Weg, den fatalen und folgenreichen Irrtum über unsere Mitgeschöpfe zu überwinden.

»Mit allen Augen sieht die Kreatur das Offene« – so beginnt die achte der Duineser Elegien von Rainer Maria Rilke. Entlang den Versen der achten Elegie werden in diesem Kapitel nun drei Denker aus sehr unterschiedlichen Zeiten und Zusammenhängen ihre Erfahrungen »austauschen«. Neben Rainer Maria Rilke sind dies Martin Buber und Nikolaus von Kues, auch der Cusaner genannt. Warum diese drei? In ihren Werken tummeln sie sich wie selbstverständlich neben den Menschen: die Tiere. Sie sind präsent in den existenziellen Fragen des Menschseins und des Ringens um Gott. Sie stehen für drei verschiedene Disziplinen: Rilke für die Poesie, Buber für die Religions- und Existenzphilosophie und Nikolaus für die Theologie. Alle drei denken unter den Bedingungen der Neuzeit über Gott, den Menschen und die Tiere nach. Dies macht sie zu unschätzbar wichtigen Denkern, weil sie biblische Erkenntnisse so an uns Heutige anbinden können.

Auch der Cusaner zählt dazu, denn obwohl er zeitlich noch dem Mittelalter zuzuordnen ist, denkt er schon neuzeitlich. So schreibt er wie selbstverständlich: »Auch der Gattung nach ist der Mensch nicht hoch zu schätzen, außer in der Einheit und Ordnung der Lebewesen.«[42]

42. Nikolaus von Kues: De coniecturis. In: ders.: Die philosophisch-theologischen Schriften. Lateinisch-Deutsch. Wien 1999. Alle weiteren Texte von Nikolaus von Kues stammen ebenfalls aus diesem Werk.

Wer so redet, würde sich von der Darwin'schen Evolutionstheorie und den Ergebnissen der modernen Verhaltensbiologie in ihrer Nachfolge nicht gekränkt fühlen. Ebenso wenig übrigens von den astronomischen Erkenntnissen des Nikolaus Kopernikus.

Für Nikolaus von Kues (1401–1464) als ideen- und wissenschaftsgeschichtlicher Vorgänger des anderen Nikolaus ist die Erde schlicht und ergreifend »ein edler Stern« unter anderen Sternen, der »kleiner als die Sonne ist und von ihr beeinflußt wird«.[43] Tatsächlich spricht man mit Sigmund Freud von den drei Kränkungen, welche die Menschheit in der Neuzeit erleiden musste. Es handelt sich dabei um wissenschaftliche Erkenntnisse und Umbrüche, die das Selbstverständnis des Menschen wesentlich beeinflussten und seine Sonderstellung infrage stellten: Da war zuerst der Übergang vom geozentrischen zum heliozentrischen Weltbild, wonach nicht die Erde im Mittelpunkt des Universums steht, sondern die Sonne. In dessen Folge musste sich der Mensch unbedeutend und einsam angesichts des unermesslichen Weltalls fühlen: »eckensteherisch« nennt Nietzsche die neue ungewohnte Haltung. Seit Darwin ist zudem die Sonderstellung des Menschen unter den Lebewesen fraglich geworden. Und Freud schließlich hat aufgezeigt, dass der Mensch nicht einmal »Herr im eigenen Hause« ist, sondern in hohem Maß von unbewussten Antrieben bestimmt wird.

Schon die eingangs zitierten Sätze lassen berechtigte Zweifel daran aufkommen, dass der Cusaner verstimmt wäre, würde man ihn mit den heute vorliegenden wissenschaftlichen Aussagen zum Denken, Fühlen und Handeln der Tiere und ihrer unübersehbaren und schwer zu leugnenden Nähe zur vermeintlichen »Krone der Schöpfung« konfrontieren. Er, der sich selbst unter die »Jäger der Weisheit« (»venatores sapientiae«) zählt, zeigt sich eher als Problem-, denn als Systemdenker. Nach Auskunft des Theologen Eugen Bisers ist die Weite seines Denkens die Frucht einer gelungenen Kombination von »römischer Klarheit und deutscher Innerlichkeit«. Für Ernst Cassirer, Karl Jaspers und andere Neu-Kantianer ist Cusanus der erste »moderne Denker«, in dessen Werk gerade die Kontinuität mit der mittelalterlichen Tradition aufleuchtet. Seine Schriften sind nach Einschätzungen weiterer Theologen nur deshalb noch zu lesen, weil die katholische Kirche am Ende des Mittelalters extrem liberal war.

43. Ebd.

Je mehr ich mich mit seinem Denken beschäftige, umso deutlicher wird mir, dass hier vernünftige Alternativen zur Logik und Praxis der »Interplanetarier« vorliegen – jene Menschen, die sich den Tieren und der ganzen Erde gegenüber völlig achtlos verhalten, so als könnten sie zum nächsten Planeten ziehen, nachdem sie unseren ausgeplündert haben. Die cusanische Philosophie birgt starke Gegenkräfte, die uns helfen können, die interplanetarisch-hausgemachte Krise zu überwinden und zugleich den Tieren jenen Platz in der Theologie zuzugestehen, den ihnen die Bibel zugewiesen hat.

Martin Buber, der jüdische Religionsphilosoph, formuliert als Gesprächspartner ebenfalls eine Anthropologie mit dem Gesicht zum Tier, die an Aktualität nicht verloren hat. Auch er ist kein Systemdenker: »Ich muß es immer wieder sagen: Ich habe keine Lehre. Ich zeige nur etwas. Ich zeige Wirklichkeit, ich zeige etwas an der Wirklichkeit, was nicht oder zu wenig gesehen worden ist. Ich nehme ihn, der mir zuhört, an der Hand und führe ihn zum Fenster. Ich stoße das Fenster auf und zeige hinaus. Ich habe keine Lehre, aber ich führe ein Gespräch.«[44] Aufgrund seiner Verwurzelung im Judentum, seiner Leidenschaft für den Dialog und die Pädagogik bietet er sich als Gesprächspartner in unserem Zusammenhang an. Die Beiträge der drei können anregen zum eigenen Nachdenken und Sich-Einlassen auf Erfahrungen mit der Kreatur.

Seit einigen Jahren gehe ich nun mit ihr um: der achten Duineser Elegie von Rainer Maria Rilke aus dem Jahr 1922, und sie hat immer noch nicht aufgehört, mich zu inspirieren, tiefer wahrnehmen und denken zu lassen. Ich fühle mich dadurch ermutigt, diese zugegebenermaßen etwas schwerere Kost als Leitfaden für die folgenden Gedanken zu wählen.

---

44. Martin Buber: Das dialogische Prinzip. Heidelberg 1997, Rückumschlag.

Die 8. Elegie
Rudolf Kassner zugeeignet

»Mit allen Augen sieht die Kreatur
das Offene. Nur unsre Augen sind
wie umgekehrt und ganz um sie gestellt
als Fallen, rings um ihren freien Ausgang.
Was draußen *ist*, wir wissens aus des Tiers
Antlitz allein; denn schon das frühe Kind
wenden wir um und zwingens, daß es rückwaärts
Gestaltung sehe, nicht das Offne, das
im Tiergesicht so tief ist. Frei von Tod.
Ihn sehen wir allein; das freie Tier
hat seinen Untergang stets hinter sich
und vor sich Gott, und wenn es geht, so gehts
in Ewigkeit, so wie die Brunnen gehen.
  Wir haben nie, nicht einen einzigen Tag,
den reinen Raum vor uns, in den die Blumen
unendlich aufgehn. Immer ist es Welt
und niemals Nirgends ohne Nicht: das Reine,
Unüberwachte, das man atmet und
unendlich *weiß* und nicht begehrt. Als Kind
verliert sich eins im Stilln an dies und wird
gerüttelt. Oder jener stirbt und *ists*.
Denn nah am Tod sieht man den Tod nicht mehr
und starrt *hinaus*, vielleicht mit großem Tierblick.
Liebende, wäre nicht der andre, der
die Sicht verstellt, sind nah daran und staunen ...
Wie aus Versehn ist ihnen aufgetan
hinter dem andern... Aber über ihn
kommt keiner fort, und wieder wird ihm Welt.
Der Schöpfung immer zugewendet, sehn
wir nur auf ihr die Spiegelung des Frein,
von uns verdunkelt. Oder daß ein Tier,
ein stummes, aufschaut, ruhig durch uns durch.
Dieses heißt Schicksal: gegenüber sein
und nichts als das und immer gegenüber.

Wäre Bewußtheit unsrer Art in dem
sicheren Tier, das uns entgegenzieht
in anderer Richtung –, riß es uns herum
mit seinem Wandel. Doch sein Sein ist ihm
unendlich, ungefaßt und ohne Blick
auf seinen Zustand, rein, so wie sein Ausblick.
Und wo wir Zukunft sehn, dort sieht es Alles
und sich in Allem und geheilt für immer.

Und doch ist in dem wachsam warmen Tier
Gewicht und Sorge einer großen Schwermut.
Denn ihm auch haftet immer an, was uns
oft überwältigt, – die Erinnerung,
als sei schon einmal das, wonach man drängt,
näher gewesen, treuer und sein Anschluß
unendlich zärtlich. Hier ist alles Abstand,
und dort wars Atem. Nach der ersten Heimat
ist ihm die zweite zwitterig und windig.
    O Seligkeit der *kleinen* Kreatur,
die immer bleibt im Schooße, der sie austrug;
o Glück der Mücke, die noch *innen* hüpft,
selbst wenn sie Hochzeit hat: denn Schooß ist Alles.
Und sieh die halbe Sicherheit des Vogels,
der beinah beides weiß aus seinem Ursprung,
als wär er eine Seele der Etrusker,
aus einem Toten, den ein Raum empfing,
doch mit der ruhenden Figur als Deckel.
Und wie bestürzt ist eins, das fliegen muß
und stammt aus einem Schooß. Wie vor sich selbst
erschreckt, durchzuckts die Luft, wie wenn ein Sprung
durch eine Tasse geht. So reißt die Spur
der Fledermaus durchs Porzellan des Abends.

Und wir: Zuschauer, immer, überall,
dem allen zugewandt und nie hinaus!
Uns überfüllts. Wir ordnens. Es zerfällt.
Wir ordnens wieder und zerfallen selbst.

Wer hat uns also umgedreht, daß wir,
was wir auch tun, in jener Haltung sind
von einem, welcher fortgeht? Wie er auf
dem letzten Hügel, der ihm ganz sein Tal
noch einmal zeigt, sich wendet, anhält, weilt –,
so leben wir und nehmen immer Abschied.«[45]

45. Rainer Maria Rilke: Duineser Elegien. Die achte Elegie. http://rainer-maria-rilke.
de/110008elegie.html.

1. Die Geschöpfe und das Offene

> Mit allen Augen sieht die Kreatur
> das Offene.

Was meint Rilke damit, mit diesem Offenen, das nur »die Kreatur« sehen kann, und wir Menschen lediglich als »frühes Kind« noch? In einem Brief schreibt er 1925: »Lebens- und Todesbejahung erweist sich als eines in den ›Elegien‹. Das eine zuzugeben ohne das andere, sei, so wird hier erfahren und gefeiert, eine schließlich alles Unendliche ausschließende Einschränkung. Der Tod ist die uns abgekehrte, von uns unbeschienene Seite des Lebens: wir müssen versuchen, das größere Bewusstsein unseres Daseins zu leisten, das in beiden unabgegrenzten Bereichen zu Hause ist, aus beiden unerschöpflich genährt ...Die wahre Lebensgestalt reicht durch beide Gebiete, das Blut des größesten Kreislaufs treibt durch beide: es gibt weder ein Diesseits noch ein Jenseits, sondern die große Einheit (...) Wir, diese Hiesigen und Heutigen, sind nicht einen Augenblick in der Zeitwelt befriedigt, noch in sie gebunden; wir gehen immerfort über und über zu den Früheren, zu unserer Herkunft und zu denen, die scheinbar nach uns kommen. In jener größesten ›offenen‹ Welt sind alle, man kann nicht sagen, ›gleichzeitig‹, denn eben der Fortfall der Zeit bedingt, dass sie alle sind. Die Vergänglichkeit stürzt überall in ein tiefes Sein (...) Nicht in ein Jenseits, das die Schatten der Erde verfinstert, sondern in ein Ganzes, in das Ganze.«[46]

Was sich hier als Theorie zeigt, verdankt sich existenziellen Erfahrungen in und mit der Kreatur. In einer kleinen Skizze erzählt Rilke von einem Mann, der sich an einen Baum lehnte und dabei »etwas Wunderliches« erfuhr, so als ob aus dem Innern des Baumes fast unmerkliche Schwingungen in ihn übergingen. Er meinte, »nie von leiseren Bewegungen erfüllt worden zu sein, sein Körper wurde gewissermaßen wie eine Seele behandelt und in den Stand gesetzt, einen Grad von Einfluß aufzunehmen, der bei der sonstigen Deutlichkeit leiblicher Verhältnisse eigentlich gar nicht hätte empfunden werden

---

46. Rainer Maria Rilke: Briefe aus Muzot. In: Romano Guardini: Rainer Maria Rilkes Deutung des Daseins. Mainz 1996, S. 259f.

können (…) bestrebt, sich gerade im Leisesten immer Rechenschaft zu geben, fragte er sich dringend, was ihm da geschehe, und fand fast gleich einen Ausdruck, der ihn befriedigte, vor sich hinsagend: er sei auf die andere Seite der Natur geraten.«[47] So verstanden ist »das Offene« erfahrbar, wenn die Grenzen zwischen »hier und da«, Leben und Tod und Raum und Zeit überwunden sind.

Und dies nicht durch Magie oder Fantasie, sondern durch ein tieferes Eintauchen in die Wirklichkeit, das sich schenkt, wenn das Denken ruhen und die sinnliche Wahrnehmung ihre Kraft entfalten kann. Das Offene ist dann ein Zustand des Daseins und gleichbedeutend mit einem Ganz- und Heilsein, es ist ein tiefes Sein, in dem alles Vergängliche aufgenommen ist. Die beschriebene Erfahrung ist womöglich Ausgangspunkt des Gedichtes »Ich finde dich in allen diesen Dingen« von Rilke:

Ich finde dich in allen diesen Dingen,
denen ich gut und wie ein Bruder bin;
als Samen sonnst du dich in den geringen
und in den großen giebst du groß dich hin.

Das ist das wundersame Spiel der Kräfte,
daß sie so dienend durch die Dinge gehn:
in Wurzeln wachsend, schwindend in die Schäfte
und in den Wipfeln wie ein Auferstehn.[48]

Schon bei der Lektüre der Erfahrungen Rilkes mit einem Baum denke ich an das biblische Bild vom »Baum der Erkenntnis«. Ob sich die eminente Rolle des Baums in der Paradiesesgeschichte als das Geschöpf, von dem Adam und Eva essen und lernen, nicht auch tiefen Erfahrungen der Menschen verdankt, die diesen Text überliefert haben? Als archaisches Symbol bekommt der Baum für mich eine immer tiefere Bedeutung, wenn ich nun auch bei Martin Buber und später im Nachdenken des Cusaners von dessen lebendiger Gestalt höre: Vom alltäglichen Baum und möglichen Begegnungen mit ihm als Geschöpf, und dies ohne in esoterische Fantastereien zu verfallen.

---

47. Ebd., S. 261.
48. Aus: Rainer Maria Rilke: Das Stundenbuch. Das Buch vom mönchischen Leben. http://rainer-maria-rilke.de/05a022ichfindedich.html.

»Ich betrachte einen Baum« – so beginnt eines der ersten Kapitel in Martin Bubers grundlegendem Buch »Das dialogische Prinzip«. Wie eine Einweisung in einen respektvollen und wenig spektakulären Umgang mit einem Mitgeschöpf (womöglich vor meiner Haustür) lese ich die folgenden Ausschnitte aus dem Kapitel. Es ermutigt mich zu einer Spiritualität des Alltags, also täglich praktizierbar und sicherlich folgenreich für alle Begegnungen:

»Ich kann ihn als Bild aufnehmen: starrender Pfeiler im Anprall des Lichts, oder das spritzende Gegrün von der Sanftmut des blauen Grundsilbers durchflossen. Ich kann ihn als Bewegung verspüren: das flutende Geäder am haftenden und strebenden Kern, Saugen der Wurzeln, Atmen der Blätter, unendlicher Verkehr mit Erde und Luft – und das dunkle Wachsen selber.«[49] Martin Buber fährt fort, in welcher Weise derselbe Baum wahrgenommen werden kann: So kann ich ihn botanisch korrekt einer Gattung zuordnen, mit physikalischen Parametern »seine Diesmaligkeit und Geformtheit so stark überwinden, daß ich ihn nur noch als Ausdruck eines Gesetzes erkenne« oder ihn nach forstwirtschaftlicher Manier »zur Zahl, zum reinen Zahlenverhältnis verflüchtigen und verewigen.« Er ist »mein Gegenstand und hat seinen Platz und seine Frist, seine Art und Beschaffenheit.«[50] Überraschend schreibt er dann: »Es kann aber auch geschehen, aus Willen und Gnade in einem, daß ich, den Baum betrachtend, in die Beziehung zu ihm eingefaßt werde, und nun ist er kein Es mehr.« Und so, als wolle er sofort allen Vorwürfen der Irrationalität jeglichen Wind aus den Segeln nehmen, fügt er hinzu:

»Dazu tut nicht not, daß ich auf irgendeine der Weisen meiner Betrachtung verzichte. Es gibt nichts, wovon ich absehen müsste, um zu sehen, und kein Wissen, das ich zu vergessen hätte. Alles, was dem Baum zugehört, ist mit darin, seine Form und seine Mechanik, seine Farben und seine Chemie, seine Unterredung mit den Elementen und seine Unterredung mit den Gestirnen, und alles in seiner Ganzheit.«[51]

Wenn Buber an anderer Stelle sein grundlegendes Credo formuliert: »Alles wirkliche Leben ist Begegnung« und: »Der Mensch wird

49. Martin Buber: Das dialogische Prinzip. Heidelberg 1997, S. 10.
50. Ebd.
51. Ebd.

am Du zum Ich«, so macht er am Beispiel des Baumes deutlich, dass dies mit keinem anthropozentrisch verengten Ausschließlichkeitsanspruch verbunden ist. So gilt auch für den Baum: »Kein Eindruck ist der Baum, kein Spiel meiner Vorstellung, kein Stimmungswert, sondern er bleibt mir gegenüber und hat mit mir zu schaffen, wie ich mit ihm – nur anders. Man suche den Sinn der Beziehung nicht zu entkräften: Beziehung ist Gegenseitigkeit.«[52] Für Buber ist es selbstverständlich, dass es zum Zustandekommen einer Beziehung nicht des menschlichen Bewusstseins bedarf: »So hätte er denn ein Bewußtsein, der Baum, dem unsern ähnlich? Ich erfahre es nicht. Aber wollt ihr wieder, weil es euch an euch geglückt scheint, das Unzerlegbare zerlegen? Mir begegnet keine Seele des Baums und keine Dyade, sondern er selbst.«[53] Damit eine echte Begegnung des Menschen mit dem Baum und auch, wie wir noch sehen werden, mit dem Tier zustande kommt, geht es nicht darum, das Gegenüber zunächst vermenschlichen zu müssen. Im Geschöpf selbst begegnet uns ein Du. Es kommt zu einer Begegnung, die einer rationalistischen Verkürzung dessen entgegenwirken kann, was In-Beziehung-Sein in seiner Tiefendimension meint und ausmacht.

Für Nikolaus von Kues ist Gott die »absolute Kraft« und die »Natur aller Naturen«. Dies erinnert an die paulinische Theologie, wonach Gott »alles in allem« ist. Der Cusaner verfolgt in seiner Schrift »De visione Dei« diesen theologischen Gedanken bis hin zu unserem Mitgeschöpf, dem Baum. Bei ihm ist es ein Nussbaum. Zunächst beschreibt er ein prachtvolles Exemplar und erklärt dann, dass dieser in seinem Samen nicht so enthalten ist, wie man ihn ausgewachsen sehen kann, sondern »der Kraft nach«, die im Samen liegt und den Baum wachsen lässt. Diese Kraft stammt zunächst aus demjenigen Baum, der diesen Samen gebildet hat. Die Frage nach dem Ursprung aller Kraft ist damit natürlich noch nicht beantwortet. Ist die gestaltende Kraft des Samens »baumhaft«, so kann die Urkraft noch nicht auf Bäume festgelegt sein. Sie ist vielmehr »der Ursprung, der jeder Samenkraft und jeder anderen Kraft das Sein verleiht«[54]. In Konse-

52. Ebd., S. 12.
53. Ebd.
54. Nikolaus von Kues: De visione dei. A. a. O.

quenz gilt dann: »So ist der Baum in Dir, mein Gott, Du selbst. In Dir ist er Wahrheit und das Urbild seiner selbst. Gleichermaßen ist auch der Samen des Baumes in Dir Wahrheit und Urbild seiner selbst, des Baumes und des Samens.«[55]

Welche Folgen ein solches Denken für meine Spiritualität und meine Alltagsgestaltung hat, wird mir immer klarer: Ein erhöhter Respekt vor allem, was lebt, und eine Theologie, die sich mehr und mehr aus Alltagserfahrungen speist, zeigen sich als wegweisend.

---

55. Ebd.

IV. Vordenker einer Wertschätzung für die Natur und die Tiere«

2. Die Kreatur und wir Menschen

Nur unsre Augen sind
wie umgekehrt und ganz um sie gestellt
als Fallen, rings um ihren freien Ausgang.
Was draußen ist, wir wissens aus des Tiers
Antlitz allein; denn schon das frühe Kind
wenden wir um und zwingens, daß es rückwärts
Gestaltung sehe, nicht das Offne, das
im Tiergesicht so tief ist.

(aus: Rilke, 8. Elegie)

Wenn ich diese 8. Elegie lese, kommt mir eine Erzählung Martin Bubers aus seinen Schriften zur Philosophie in den Sinn, wonach das »frühe Kind« noch etwas hat, das die Erwachsenen ihm nehmen, indem sie das Kind »umwenden«. In dieser Geschichte führt der Philosoph die Gedanken des dialogischen Prinzips, das er eingangs im Blick auf den Baum verdeutlicht hat, weiter zum Du des Tieres hin:

Elfjährig, auf dem Gut meiner Großeltern den Sommer verbringend, pflegte ich mich, sooft ich es unbeobachtet tun konnte, in den Stall zu schleichen und meinem Liebling, einem breiten Apfelschimmel, den Nacken zu kraulen. Das war für mich nicht ein beiläufiges Vergnügen, sondern eine große, zwar freundliche, aber doch auch tief erregende Begebenheit. Wenn ich es jetzt, von der sehr frisch gebliebenen Erinnerung meiner Hand aus, deuten soll, muß ich sagen: was ich an dem Tier erfuhr, war das Andere, die ungeheure Andersheit des Anderen, die aber nicht fremd blieb, wie die von Ochs und Widder, die mich vielmehr ihr nahen, sie berühren ließ. Wenn ich über die mächtige, zuweilen verwunderlich glattgekämmte, zu andern Malen ebenso erstaunlich wilde Mähne strich und das Lebendige unter meiner Hand leben spürte, war es, als grenzte mir an die Haut das Element der Vitalität selber, etwas, das nicht ich, gar nicht ich war, gar nicht ichvertraut, eben handgreiflich das Andere, nicht ein anderes bloß, wirklich das andere selber, und mich doch heranließ, sich mir anvertraute, sich elementar mit mir auf Du und Du stellte. Krippe zu schütten, sehr gelind den massigen Kopf, an dem sich die Ohren noch besonders regten, dann schnob er leise, wie ein Verschworener seinem Mitverschworenen ein nur diesem vernehmbar werden sollendes Signal gibt, und ich war bestätigt.

Einmal aber– ich weiß nicht, was den Knaben anwandelte, jedenfalls war es kindlich genug – fiel mir über dem Streicheln ein, was für einen Spaß es mir doch mache, und ich fühlte plötzlich meine Hand. Das Spiel ging weiter wie sonst, aber etwas hatte sich geändert, es war nicht mehr Das. Und als ich tags darauf, nach einer reichen Futtergabe, meinem Freund den Nacken kraute, hob er den Kopf nicht. Schon wenige Jahre später, wenn ich an den Vorfall zurückdachte, meinte ich nicht mehr, das Tier habe meinen Abfall gemerkt; damals aber schien ich mir verurteilt.«[56]

Dass es mir plötzlich Spaß macht! Dass das Du des Pferdes verschwindet und ich nur noch bei mir bin! Diese Beschreibung rührt mich immer wieder an; denn sie weist auf etwas Fatales hin: Erwachsenwerden geht offenbar nur in einer solchen Weise der Distanzierung, der Prozess ist mit einer gewissen Kälte und womöglich Abstumpfung durchsetzt, einem fundamentalen Egoismus, was Buber die »Rückbiegung« nennt.

Was hier am Beispiel des Elfjährigen deutlich gemacht wird, lässt sich auf den Prozess des je eigenen Erwachsen- bzw. Menschwerdens übertragen, zugleich aber auch auf das Menschsein insgesamt. Dann sind wir wieder beim »Interplanetarier«, der sich in der Abwendung von der eigenen Geschöpflichkeit und der natürlichen Mitwelt zu definieren versucht, sind beim Menschen, wie er sich in den Industrienationen gebärdet und mehr und mehr nur noch konsumistisch um sich und seine Bedürfnisse kreist. In Bubers Konzept geschieht Erwachsenwerden im Sich-Einlassen auf den »geheimnishaften Verkehr« mit der Wirklichkeit, die sich genau dann verschließt, wenn wir sie rationalistisch verkürzen und zur »Es-Welt« degradieren. Der Dialog erstirbt, und die Erinnerung an die Kindheit, das »innere Kind«, ist nichts anderes als wehmütige Retrospektive. Buber versteht diese Lebensphase und Seinsweise als Dreh- und Angelpunkt für echtes Menschsein: Das Kind wie das Tier erinnern an die ursprüngliche Verortung in einer Wirklichkeit, die sich Machenschaften und Einordnungen entzieht,

---

56. Martin Buber: Werke I. Schriften zur Philosophie, Heidelberg 1962, S. 196 f.

einer Wirklichkeit, die nicht nach Nutzen und Erklärungen fragt. Wesentlich für den hier erzählten Prozess der »Rückbiegung« ist die Tatsache, dass darin der und das Andere lediglich zum eigenen Erlebnis verkommt, nur noch als »eine Meinheit« besteht. »Da wird dann Zwiesprache zum Schein, der geheimnishafte Verkehr (...) wird nur noch gespielt, und in der Ablehnung des gegenüberlebenden Wirklichen beginnt sich die Essenz aller Wirklichkeit zu zersetzen«[57] – so fasst Martin Buber zusammen.

Kindheit

Es wäre gut viel nachzudenken, um
von so Verlornem etwas auszusagen,
von jenen langen Kindheit-Nachmittagen,
die so nie wiederkamen – und warum?

Noch mahnt es uns – : vielleicht in einem Regnen,
aber wir wissen nicht mehr was das soll;
nie wieder war das Leben von Begegnen,
von Wiedersehn und Weitergehn so voll
wie damals, da uns nichts geschah als nur
was einem Ding geschieht und einem Tiere:
da lebten wir, wie Menschliches, das Ihre
und wurden bis zum Rande voll Figur.

Und wurden so vereinsamt wie ein Hirt
und so mit großen Fernen überladen
und wie von weit berufen und berührt
und langsam wie ein langer neuer Faden
in jene Bilder-Folgen eingeführt,
in welchen nun zu dauern uns verwirrt.

(Aus: Rainer Maria Rilke, Neue Gedichte[58])

---

57. Martin Buber: Das dialogische Prinzip. Heidelberg 1997, S. 173.
58. http://rainer-maria-rilke.de/080035kindheit.html.

Was hat das Kind noch, das wir Erwachsenen mehr und mehr verlieren? Und was ist mit dem Tier, das diese Eigenart behält? Das Kind,
welches das Tierliche als das Seine lebt? In diese Fragen führt mich
das Wort Rilkes, wonach Menschen im Kindsein noch »das Ihre«
leben. Die Spur führt in die Anthropologie hinein, die Frage also, was
den Menschen zum Menschen macht – was ihn vermutlich ausmacht. Ist es wirklich das rationale Denken? Macht uns das aus, was
René Descartes die »vernunftbegabte Seele« nennt? Und ist diese
Vernunft eine, die unabhängig von Leiblichkeit und Sinnlichkeit existiert? Nikolaus von Kues verblüfft mit einer beeindruckenden Metapher:

»Ein vollständiges Lebewesen, dem Sinn und Vernunft innewoh-
nen, kann man als einen Kosmographen betrachten, dem eine Stadt
mit fünf Toren der Sinne eigen ist. Durch diese treten die Boten aus
der ganzen Welt ein und geben Kunde von der gesamten Lage der
Welt in folgender Ordnung: diejenigen, welche vom Licht und ihrer
Farbe etwas Neues berichten, treten durch das Tor des Sehens ein;
die von Ton und Geräusch erzählen, durch das Tor des Gehörs; die
von den Düften reden, durch das Tor des Geruchs; die von dem Wohl-
geschmack sprechen, durch das Tor des Geschmackes; und die von
Wärme, Kälte und anderem Spürbaren berichten, durch das Tor des
Tastgefühls. Und der Kosmograph thront darinnen und schreibt alles
nieder, das ihm berichtet worden ist, so dass er in seiner Stadt die
Beschreibung der gesamten sinnlichen Welt aufgezeichnet hat. Wenn
aber nun irgendein Tor dieser Stadt ständig geschlossen bleibt, z. B.
das des Sehens, dann wird, weil es keinen Einlass gibt für den Boten
des Sichtbaren, die Beschreibung der Welt mangelhaft sein. Denn die
Beschreibung wird keine Erwähnung tun von Sonne, Sternen, Licht,
Farben, Gestalten der Menschen, der Tiere, der Bäume, Städte und
des größeren Teiles der Schönheit der Welt. Ebenso wird die Beschreibung, wenn das Tor des Gehörs geschlossen bleibt, nichts von Gespräch, Gesang, Melodien und ähnlichem enthalten. Dasselbe gilt von
den übrigen Sinnen.«[59]

Dies schreibt Nikolaus in seiner Schrift »De dato patris luminem«.
Er hält mir mit dieser Metapher einen Spiegel vor, in dem ich mich
erkennen kann: Ja, so bin ich auch; oder besser: so möchte ich immer

---

59. Nikolaus von Kues: De dato patris luminem. A. a. O.

mehr werden. Denn wie oft sind meine Tore nicht geöffnet! Da setzt der Cusaner wieder an:

»Der Kosmograph strebt also mit allen Mitteln danach, alle Tore offen zu haben und ständig die Berichte neuer Boten zu vernehmen und seine Beschreibung immer wahrer zu machen. Wenn er schließlich in seiner Stadt die ganze Beschreibung der sinnlichen Welt fertig hat, dann legt er sie wohlgeordnet und im Verhältnis angemessen auf einer Karte nieder und wendet sich ihr zu. Die Boten entlässt er. Er schließt die Tore und wendet sich nun mit seinem inneren Schauen dem Gründer der Welt zu, der nichts von alledem ist, was er über die Boten verstanden und festgehalten hat, sondern der der Künstler und der Grund aller dieser Dinge ist.«[60]

Der Neurobiologe Antonio Damasio schreibt in verblüffender Übereinstimmung ca. 550 Jahre später (!):»In rascher Folge haben genau dieselben Hirngebiete mehrere ganz verschiedene Karten mit Hilfe je anderer sensorischer Inputdaten konstruiert, die der Organismus zusammengetragen hatte.«[61] Nikolaus sieht uns Menschen immer an der Seite der Mitgeschöpfe und stellt fest:

»Wir erfahren an uns, denen mit den übrigen Lebewesen die Sinne gemeinsam sind, dass wir darüber hinaus den Geist haben, der um die Ordnung weiß und sie lobt; und darin wissen wir, dass wir der unsterblichen Weisheit und der Verknüpfung mit Gott und dem Geistigen fähig sind. So wie wir in jenem Teil, in dem wir den andern Lebewesen verbunden sind, deren Natur erlangt haben, so haben wir in jenem Teil, durch den wir der geistigen Natur verbunden sind, an dieser Anteil. Deshalb wird durch die Sterblichkeit des Tierischen in uns der Geist nicht ausgelöscht, denn er ist dem Geistigen verbunden, das immer währt.«[62]

Das Besondere des menschlichen Geistes zeigt sich darin, dass dieser sich die Welt durch Begriffe zu eigen macht. Diese sind ihm also nicht vorgegeben oder angeboren; vielmehr handelt es sich hier um eine eigene geistig-menschliche schöpferische Tätigkeit. Und diese Begabung hat sicherlich Vorformen im Tierreich, etwa bei den Primaten oder Papageien, die sehr wohl »Begriffe« kennen. Mich be-

---

60. Ebd.
61. Antonio Damasio: Ich fühle, also bin ich. München 2002, S. 34.
62. Nikolaus von Kues: De dato patris luminem. A. a. O.

stärkt diese »sinnenfreudige Anthropologie« des Cusaners. Denn sie ist ein Gegenbild zu einem Bild des Menschen, der infolge einer Überbewertung des rationalen Denkens zu einem »Kosmograph« mit verschlossenen »Toren der Sinne« geworden ist.

Die Sinnlichkeit bildet den Anfang der Sinn-Suche. Ich sehe mich als Menschen, der in seinem Lebensturm immer wieder die Fenster öffnet und schließt, seine Gedanken über Gott revidiert, sich erneut sinnlichen Erfahrungen aussetzt. Ob der Cusaner zustimmen würde, wenn Martin Buber in diesem Zusammenhang von der Du-Welt spricht? Einer Mit-Welt des Menschen, die sich ihm in der Wahrnehmung öffnet? Wenn ich beide Denker zusammen lese, ergibt sich für mich folgende Einladung: Das ewige und unbegreifliche DU Gottes – das »Offene« – kommt dem Menschen immer näher, wenn er sich immer wieder dem DU der Geschöpfe zuwendet. Es-Welt und Du-Welt: beide braucht es. Doch wie kalt und letztlich unbedeutend wird eine Spiritualität, die sich nur in der Es-Welt abspielt? Für Nikolaus von Kues steht fest, dass auch die Tiere »Stadt, Boten und Tore« besitzen wie der Kosmograph. Unsere Mitgeschöpfe als Lehrerinnen und Lehrer meiner Reifung wertzuschätzen führt in eine sinnenfreudige und der Welt zugewandte Frömmigkeit, die Gott als »alles in allem« vermutet und sucht.

3. Die Tiere und die Ewigkeit Gottes

Frei von Tod.
Ihn sehen wir allein; das freie Tier
hat seinen Untergang stets hinter sich
und vor sich Gott, und wenn es geht, so gehts
in Ewigkeit, so wie die Brunnen gehen

(aus: Rilke, 8. Elegie)

Nur hier taucht in der Elegie das Wort »Gott« auf. Ihn haben ausgerechnet die Tiere vor sich. Erhellend dazu liest sich das Gedicht »Alles wird wieder groß sein und gewaltig« aus dem »Buch der Pilger-
schaft« in Rilkes »Stundenbuch«:

Alles wird wieder groß sein und gewaltig.
Die Lande einfach und die Wasser faltig,
die Bäume riesig und sehr klein die Mauern;
und in den Tälern, stark und vielgestaltig,
ein Volk von Hirten und von Ackerbauern.

Und keine Kirchen, welche Gott umklammern
wie einen Flüchtling und ihn dann bejammern
wie ein gefangenes und wundes Tier, –
die Häuser gastlich allen Einlaßklopfern
und ein Gefühl von unbegrenztem Opfern
in allem Handeln und in dir und mir.

Kein Jenseitswarten und kein Schaun nach drüben,
nur Sehnsucht, auch den Tod nicht zu entweihn
und dienend sich am Irdischen zu üben,
um seinen Händen nicht mehr neu zu sein.[63]

Ich lese diese Poesie sowohl als Warnung als auch als Situationsbe-
schreibung einer Kirche, die zunächst Gott als »höchste Vernunft«

---

63. http://rainer-maria-rilke.de/05b025alleswirdwiedergrosssein.html.

deklariert, jeder Form von Sinnlichkeit innerhalb einer Spiritualität misstraut und dann immer wieder über die Gottvergessenheit der Welt klagt.

Für Martin Buber ist Gott »das ewige Du«, und das Leben des Menschen ereignet sich wesentlich in seiner »Zwiesprache« mit Gott. Dieser ist für unseren Religionsphilosophen das »ganz andere«; »aber er ist auch das ganz Selbe: das ganz Gegenwärtige. Gewiß ist er das Mysterium tremendum, das erscheint und niederwirft; aber er ist auch das Geheimnis des Selbstverständlichen, das mir näher ist als mein Ich.«[64] Die Kunst besteht folglich darin, die alltäglichen und dem Menschen entgegenkommenden Ereignisse nicht zum »Es« erstarren zu lassen, sondern sie als Botschaften eines ewigen Du zu erleben. Ganz von der biblischen Theologie geprägt warnt Martin Buber davor, Gott zum Objekt des Glaubens degenerieren zu lassen, sondern ihn vielmehr als »die Liebe« zu verstehen und zu ersehnen. Dieses beruht auf der Erkenntnis, dass in der Liebe – in der Weise, wie Buber sie als Beziehung beschreibt – die »dichteste und, auch ontologisch gesehen, die erste, alles weitere begründende Wirklichkeit zu suchen ist; es ist keine Subjektivität, die alles Objektive aufzehrt, sondern die Begegnung, die Beziehung von Subjekt zu Subjekt«[65].

Lassen wir nun Nikolaus von Kues wieder zu Wort kommen: Seine Betrachtung des Nussbaumes, von der oben die Rede war, führt ihn in folgendes Gebet: »Mein Gott, Du hast mich dahin geführt zu sehen, daß Dein absolutes Aussehen das natürliche Aussehen jeder Natur ist.«[66] Abgeschlossen wird dieser Lobpreis – und damit zeichnet der Kardinal den Weg seiner Anthropologie vor – von jener wunderbaren Anrede Gottes an den Menschen:

»Und wenn ich so im Schweigen der Betrachtung verstumme, antwortest Du mir, Herr, tief in meinem Herzen und sagst: Sei du dein und ich werde dein sein (sis tu tuus et ego ero tuus).«[67] Ich höre den lockenden und zugleich sehr hohen Anspruch, wirklich mein zu sein, meine Persönlichkeit zu entdecken mit allen Brüchen und nicht leb-

64. Maurice Friedmann: Begegnung auf dem schmalen Grad. Martin Buber – ein Leben. Münster 1999, S. 421.
65. Josef Sudbrack: Die vergessene Mystik. Würzburg 1988, S. 83.
66. Nikolaus von Kues: De visione dei. A. a. O.
67. Ebd.

baren Träumen; meiner einzigartigen Weise zu denken, zu fühlen und zu sprechen. Und wie mühsam ist das im Gegensatz zu einem Meerschweinchen, das zwar auch eine Pubertät kennt, aber dennoch immer ganz Meerschweinchen ist. Ich hingegen muss dieser Rainer Hagencord werden und will es auch. Zugleich entdecke ich den Trost, genau auf diesem Weg Gott zu begegnen, also nicht in einer Welt jenseits meines Lebens und Alltags. Spätestens hier ist auch die Nähe zur deutschen Mystik unübersehbar: Wenn Meister Eckhart, ein großer Mystiker des Mittelalters, von der »kraft in der sele« spricht, ist damit nichts anderes gemeint als das in jedem lebendigen Geschöpf anwesende »esse virtuale«, das archetypische Sein, wo noch ungeschieden alles Geschaffene, sowohl das Glühwürmchen wie die Mücke und auch der Mensch, als Gott in Gott ruht. Diese Seinsweise ist aus der Sicht der Mystik die »edle«, d. h. letztlich authentische Seinsweise, derer sich der Mensch »in der Gnade zu versichern hat.«

Der Synthese von Selbst-Werden und Gott-Finden kommt zudem visionäre Kraft zu, da sie Gott und Mensch zusammendenkt, ohne den Menschen aus der religiösen Bindung zu lösen, aber auch, ohne eine ihn beengende Religionsauffassung zu Grunde zu legen. Dies bedeutet dann zuerst: Im Prozess meiner uneingeschränkten Selbstannahme erfolgt zugleich die Annahme Gottes; das eine geschieht nicht auf Kosten des anderen. Zweitens bildet zur anderen Seite hin der cusanische Ansatz ein Korrektiv: Die Annahme eines für den Menschen unendlichen und nicht begreifbaren Gottes stellt zunächst keine Selbstbeschränkung dar und geht nicht zwangläufig mit einem Freiheitsverlust einher. Nikolaus lässt vielmehr den Menschen auf die Aufforderung Gottes etwa so antworten: »Du machst die Freiheit notwendig, da Du nicht mein sein kannst, wenn ich nicht mein bin.«

Die Frage nach der Freiheit führt uns dann auch zu den Tieren, denen sie in der Form nicht zukommt – vermutlich jedenfalls: Eine Maus ist immer ganz Maus; ein Hund immer ganz Hund, wenn wir ihn lassen. Im Rahmen eines bestimmten Verhaltensrepertoires muss eine Maus auch zur Maus werden, d. h. dass sie die Rolle im Sozialsystem erlernen muss. Doch sie wird sich wohl nie die Frage nach dem Maus-Sein insgesamt und ihren Alternativen, womöglich nicht mehr Maus sein zu müssen oder dürfen, stellen. Fragen, die ich sehr wohl als Mensch kenne und denen ich mich stellen muss. Ich selbst werden – im weiten Rahmen menschlicher Existenzentwürfe – ist für mich oftmals mehr Anspruch als Geschenk. Wenn ich dann höre: »Lernt von den Vögeln des Himmels!« sehe ich ermutigt und ein wenig schwermütig meine Mitgeschöpfe, die wohl den Ruf »Sei Du Dein« nicht nötig haben. Um noch einmal mit Cusanus zu sprechen: In ihnen ist Gott immer ganz Gott.

4. Gott entfaltet sich in allen Geschöpfen

Wir haben nie, nicht einen einzigen Tag,
den reinen Raum vor uns, in den die Blumen
unendlich aufgehn. Immer ist es Welt
und niemals Nirgends ohne Nicht: das Reine,
Unüberwachte, das man atmet und
unendlich weiß und nicht begehrt

(aus: Rilke, 8. Elegie)

Gibt es solche Tage in meinem erwachsenen Leben (noch)? Tage einer unendlichen Leichtigkeit jenseits räumlicher und zeitlicher Zwänge? Tage des »reinen Raumes, in den die Blumen unendlich aufgehen«? Hier bekommt »das Offene« eine neue Bezeichnung. Es meint keinen physikalischen Raum: Weder einen, der bestimmten Taten oder Gefühlen zugeordnet ist, noch den geistigen, in welchen so etwas wie ein »Sinn des Ganzen« aufleuchtet. Rilke spricht von einem Ort des Einfach-Seienden, in dem alles eines ist. In diesen »reinen Raum« gehen die Blumen, die Kreatur, unendlich auf – durch ihre besondere Lebensbewegung, ihr je eigenes Wachsen und Reifen. »Unendlich« meint hier wohl nichts Extensives, sondern etwas Qualitatives: die Sinnerfüllung im Endgültigen. Eben dadurch, dass sie nicht gegenständlich gerichtet ist, gewinnt die sich entfaltende Blume die ganze Freiheit und Wertfülle ihrer Gestalt. Beinahe geheimnishaft übersteigt sie alle Schranken von Raum und Zeit, ist einfachhin da – darin ist sie sogar »weiter« als jedes Tier. So schreibt unser Dichter an anderer Stelle:

Weiss die Natur noch den Ruck,
da sich ein Teil der Geschöpfe
abriß vom stätigen Stand?
Blumen, geduldig genug,
hoben nur horchend die Köpfe,
bleiben im Boden gebannt.
Weil sie verzichteten auf
Gang und gewillte Bewegung,
stehn sie so reich und so rein.

Ihren tiefinneren Lauf,
voll von entzückter Erregung,
holt kein Jagender ein.
Innere Wege zu tun
an der gebotenen Stelle,
ist es nicht menschliches Los?
Anderes drängt den Taifun,
anderes wächst mit der Welle –,
uns sei Blume sein groß.

(Rilke, Geschrieben für Frau Helene Burckhardt[68])

Nur in flüchtigen und nicht festzuhaltenden Erfahrungen und manchmal in besonderen Minuten der Meditation werde ich vorübergehend inne, worum es im Tiefsten des Lebens geht. In der Regel ist »es« für mich die Welt, das Dasein also, was ich selbst bin, sehe und tue und letztlich doch verschlossene Gegenständlichkeit bleibt, eben kein »Nirgends ohne Nicht«. Wieder eine Bestimmung des »Offenen«: Im Unterschied zu jedem »Hier, Da und Dort« ist es ein »Nirgends«, welches aber – fast paradox – nicht durch Negation entsteht, also durch ein »Nicht« im Sinn der Aussage: »nicht hier, sondern dort«. Es ist vielmehr reine Fülle, Überwindung jedes »Hier« im einfachen Sinn.

Für Cusanus könnte dies eine Umschreibung dessen sein, was er Gott nennt: »Darin, daß alles in Gott ist, schließt er alles ein und darin, daß er selbst in allem ist, entfaltet er alles.«[69] Was Nikolaus in seiner Schrift »De docta ignorantia« ausführt, klingt wie ein Kommentar zu paulinischer Theologie: »Es gibt verschiedene Kräfte, die wirken, aber nur den einen Gott: Er bewirkt alles in allen« (1 Kor 12,6); »Ein Gott und Vater aller, der über allem und durch alles und in allem ist« (Eph 4,6). Und in der Apostelgeschichte 17,28 lese ich: »Denn in ihm (Gott) leben wir, bewegen wir uns und sind wir.«

Nikolaus führt die Begriffe Entfaltung und Einfaltung (»explicatio« und »complicatio«) ein, um das Wirken Gottes, sein Verhältnis zur Schöpfung zu beschreiben: Eingefaltet ist alles in Gott, ausgefaltet ist

---

68. Rainer Maria Rilke: Die Gedichte. Frankfurt/M. 1987, S. 1043.
69. Nikolaus von Kues: De docta ignorantia. A. a. O.

er in allem. Die feministische Theologie wird später davon sprechen, dass Gott sich »ereignet«... In Bezug auf die Dinge und Geschöpfe heißt das, dass ihnen eine gemeinsame, erste und allgemeine Natur innewohnt. Im Ganzen der Natur ist es die Weltseele (»anima mundi«), die für den Cusaner nichts anderes ist als der Schöpfer-Gott des Christentums: »Plato nannte die Welt ein Lebewesen. Wenn man deren Seele als Gott begreift – aber ohne daß er in ihr aufgeht –, wird vieles von dem, was wir gesagt haben, deutlich.«[70]

Die Entfaltung der Welt nun ist so gedacht, dass die Weltseele die Ideen als die Urbilder der Dinge in sich trägt, »wie ein Künstler, der eine Statue in Stein ausmeißeln will, (...) die Gestalt der Statue als Idee«[71] in sich hat und sie durch Bewegung aus der Materie hervorbringt. Für jeden Menschen, jedes Tier und jede Pflanze gilt für Nikolaus: »So strahlt Gott in allen Geschöpfen wider, wie die Wahrheit im Abbild. Jener, der erkennt, daß die ungeheure Verschiedenheit der Dinge das Abbild des einen Gottes ist, wird, wenn er die Vielfalt aller Abbilder verlässt, unbegreiflich zum Unbegreiflichen gelangen.«[72]

Wenn, wie wir schon gesehen haben, Nikolaus von Gott spricht als demjenigen, der in allen Geschöpfen »widerstrahlt«, heißt das zunächst einmal für den Menschen, dass dieser über den Weg der Wahrnehmung der Vielheit aller Abbilder zum Unbegreiflichen gelangen kann. Für die Wahrheit gilt, dass sie im Bild keineswegs so gesehen werden kann, wie sie ist; denn jedes Bild fällt deshalb, weil es eben Bild und nur Bild ist, gegenüber der Wahrheit seines Urbildes ab. Aber derjenige, der einsieht, dass das Bild das Abbild des Urbildes ist, kann sich auf unbegreifliche Weise der unbegreiflichen Wahrheit zuwenden. Wenn jemand alle Geschöpfe als Abbild des einen Schöpfers begreift, sieht er auch im Blick auf sich selbst, »daß, wie das Sein des Abbildes keine Vollkommenheit aus sich hat, alle seine Vollkommenheit von dem stammt, dessen Abbild er ist«; denn »das Urbild ist Maß und Wesenssinn des Abbildes«[73].

Nikolaus macht eindringlich deutlich, dass das Gesamt der Welt als Abbild gedacht werden muss, und jede Art von Ontologie, die

---

70. Ebd.
71. Ebd.
72. Ebd.
73. Ebd.

etwa lediglich eine Lehre von der Gesamtheit der Seienden und nicht zugleich die Lehre von deren Bezogensein auf das absolute Urbild ist, wird als verfehlt abgewiesen. Denn wer das einzelne Seiende aus diesem Verhältnis herauslöst, wird sich weder der Wahrheit als solcher noch derjenigen des Seienden selbst nähern. Gott wird in allen Dingen und Geschöpfen sichtbar. Spätestens hier kommt mir wieder das Wort von Elias Canetti in den Sinn:

»Das Gedeihen der Welt hängt davon ab, dass man mehr Tiere am Leben erhält. Aber die, die man nicht zu praktischen Zwecken braucht, sind die wichtigsten. Jede Tierart, die stirbt, macht es weniger wahrscheinlich, dass wir leben. Nur angesichts ihrer Gestalten und Stimmen können wir Menschen bleiben. Unsere Verwandlungen nutzen sich ab, wenn ihr Ursprung erlischt.«[74]

Die theologische Brisanz dieser Mahnung wird mir nach der Lektüre des Cusaners jetzt ganz deutlich: Dann sind der Verlust an Biodiversität und der rasante Artenschwund nicht nur ein ökologisches, sondern tiefer noch ein theologisches Problem, ja ein Skandal! Im Sinne des Cusaners zerstören wir dann mehr und mehr die Seinsweisen eines Gottes, der sich immer noch in einer nicht zu fassenden, zu verstehenden und zu begreifenden Fülle von Lebewesen zeigt und offenbart – in der gesamten Widersprüchlichkeit von Fressen und Gefressenwerden, Schönheit und Hässlichkeit, Faszination und Ekel, Angst und Ästhetik, Logik und Sinnlosigkeit. In alledem ist dann Gott und nicht etwa »daneben«, »danach« oder »davor« im Sinne eines gigantischen Physikers.

Mit meinem Nachdenken darüber, dass Gott ganz Gott ist, in jeder schlichten Stockente genauso wie in der über ihr schwirrenden Prachtlibelle, bin ich gerade am Anfang; wenn ich mich allerdings von einem solchen Anblick berühren lasse, ahne ich, dass es stimmen muss. Denn mein Herz wird weit, ich weiß mich eins mit ihnen und fühle, dass auch ich bewegt durch göttliche Kraft wieder neu anfangen kann wie ein Küken und getragen bin wie jedes Insekt. Und ein wenig Kopfzerbrechen bereitet mir die Frage, was denn das für ein Gott sei, der im Zeitalter der Saurier auch in jedem Pteranodon mit acht Metern Flügelspannweite ganz Gott war. Und dies während einer Zeitspanne von etwa 12 Millionen Jahren, in denen diese Tiere über der

---

74. Elias Canetti: Die Fliegenpein. A. a. O.

noch etwas jüngeren Erde kreisen. Biblische Autoren hätten damit womöglich weniger Probleme als ich, ein Kind der Neuzeit: Wie selbstverständlich beschreiben sie etwa im 40. Kapitel des Buches Hiob den »Leviathan«, die »gewundene Schlange«, den Dämon im Meer, den Gott eigens dafür geschaffen hat, um mit ihm zu spielen. Und an seiner Seite stapft zumindest in der hebräischen Urfassung auch noch »Behemoth« daher, ein krokodilhaftes Riesentier, so als ob die Alten schon Dinosaurierfunde selbstverständlich in ihre Theologie einzubauen wussten. Ich möchte glauben, dass Gott in jedem Geschöpf ganz Gott ist; auch wenn dies eine ungehörige Provokation darstellt. Eine Ahnung ist damit verbunden und eine Hoffnung, dass sich eine neue Weite eröffnet und eine tiefere Verbundenheit mit allem, was lebt. Beides führt mich wieder einmal zu Rilke. Im »Buch vom mönchischen Leben« aus dem »Stundenbuch« heißt es:

Ich glaube an Alles noch nie Gesagte.
Ich will meine frömmsten Gefühle befrein.
Was noch keiner zu wollen wagte,
wird mir einmal unwillkürlich sein.

(Ausschnitt aus dem Gedicht »Alles noch nie Gesagte«[75])

Auch Martin Buber macht mir Mut, auf dem oben beschriebenen Weg sowohl das Kind als auch das Tier mit anderen Augen wahrzunehmen. »Beziehung ist Gegenseitigkeit. Mein Du wirkt an mir, wie ich an ihm wirke. Unsre Schüler bilden uns. Unsere Werke bauen uns auf. (...) Wie werden wir von Kindern, wie von Tieren erzogen! Unerforschlich einbegriffen leben wir in der strömenden All-Gegenseitigkeit.«[76] Sich von ihnen erziehen lassen: den Enten, Libellen und Eseln! Jesus von Nazareth kommt mir wieder einmal in den Sinn, in dessen Predigt die gleichen Protagonisten uns Erwachsenen vor Augen geführt werden: »Wenn ihr nicht werdet wie die Kinder! Lernt von den Vögeln des Himmels und den Lilien des Feldes!«
Ich lese dann die Gleichnisse im 13. Kapitel des Matthäusevangeliums neu: Ein Senfkorn, eine Saat ist ebenso Bild für das Reich Got-

75. http://rainer-maria-rilke.de/05a012allesnochniegesagte.html.
76. Martin Buber, a. a. O., S. 20.

tes wie ein Sauerteig und eine Perle im Acker. Eine Anleitung für eine Spiritualität des Alltags und der Natur höre ich da. Denn nur darin zeigt sich unmittelbar das Geheimnis Gottes; dieser zeigt sich immerzu, will berühren – ich muss dies nur zulassen; alles Nachgedachte über Gott immer wieder ruhen lassen. Immer weniger glaube ich an einen Gott, den ich zu etwas bewegen kann, etwa durch ein Gebet oder eine besondere moralische Leistung. Vielmehr glaube ich, dass immer dann, wenn ich mich bewegen lasse, Gott am Werk ist als einer, der mich wegbringen möchte vom mühsamen Sorgen um mich selbst.

5. Sterbende und Liebende – Kinder und Tiere

Als Kind
verliert sich eins im Stilln an dies und wird
gerüttelt. Oder jener stirbt und ists.
Denn nah am Tod sieht man den Tod nicht mehr
und starrt hinaus, vielleicht mit großem Tierblick.
Liebende, wäre nicht der andre, der
die Sicht verstellt, sind nah daran und staunen ...
Wie aus Versehn ist ihnen aufgetan
hinter dem andern ... Aber über ihn
kommt keiner fort, und wieder wird ihm Welt.

(aus: Rilke, 8. Elegie)

Öfter durfte ich dies in meiner Zeit als Krankenhausseelsorger erleben: dass sich nach manch sehr schwerem Sterben ein Lächeln, ja fast Strahlen, im Gesicht einer Patientin ausbreitete. Ein Blick aus den erloschenen Augen, der in eine plötzlich nahegekommene Unendlichkeit verwies: Hinein in das Offene! Ich denke voller Dankbarkeit an den 65-jährigen Polizisten, der in unseren letzten Begegnungen mit seiner Aufmerksamkeit fast nur noch bei den Dohlen im entlaubten Ahorn vor dem Fenster war. Ihnen sah er zu, als ob er sich von ihnen schon mitnehmen lassen wollte. Intensive Gespräche und der Abschied von der Familie im Rahmen der Krankensalbung hatten uns sehr verbunden. Und nun war es das vom Schweigen erfüllte, gemeinsame Schauen nach draußen. Seine letzten Worte waren: »Ich bin sehr gespannt«.

Herbst

Die Blätter fallen, fallen wie von weit,
als welkten in den Himmeln ferne Gärten;
sie fallen mit verneinender Gebärde.

Und in den Nächten fällt die schwere Erde
aus allen Sternen in die Einsamkeit.

Wir alle fallen. Diese Hand da fällt.
Und sieh dir andre an: es ist in allen.

Und doch ist Einer, welcher dieses Fallen
unendlich sanft in seinen Händen hält.

(Aus: Rainer Maria Rilke, »Das Buch der Bilder«[77])

Bei Rilke sind es neben den Tieren diese drei: Kinder, Sterbende und Liebende. Er beschreibt sie so, als seien sie hineingenommen in jenen anderen Blick, der jedem menschlichen und tierlichen Blick immer schon voraus war. So als würden sie ihn wiederentdecken. In der Theologie des Nikolaus von Kues spielt der liebende Blick Gottes eine zentrale Rolle:

»Trachte ich, euch in menschlicher Weise zum Göttlichen zu führen, so muß dies auf dem Weg des Gleichnisses geschehen. Unter den menschlichen Werken aber fand ich kein Bild, das unserem Vorhaben besser entspräche als das des Alles-Sehenden. Ich meine ein solches Bild, das durch außerordentliche Kunst der Malerei so wirkt, als ob es alles ringsum überschaue.«[78]

So beginnt Nikolaus seine Schrift »De visione Dei« und beschreibt angesichts eines Gemäldes seines Zeitgenossen Rogier van der Weyden die Weise, wie sich Gott zur sichtbaren Welt verhält. Es zeigt offenbar ein Selbstbildnis des Malers, dessen Blick den Betrachter nicht aus den Augen lässt, auch wenn dieser sich bewegt. Das gilt auch, wenn etwa zwei Staunende vor dem Bild von links und rechts aufeinander zugehen, d. h. der Blick folgt beiden zugleich. So sagt Nikolaus:

»Und während er darauf achtet, daß dieser Blick niemanden verläßt, wird er gewahr, daß er um jeden einzelnen so Sorge trägt, als ob er sich allein um ihn, der erkennt, daß er angeblickt wird, kümmern würde und um keinen anderen; und das so sehr, daß derjenige, den er anblickt, nicht zu begreifen vermag, daß er auch um einen anderen Sorge trägt. So wird er auch sehen, daß er dem geringsten Geschöpf

---

77. Das Buch der Bilder, 1. Buch, 2. Teil. http://rainer-maria-rilke.de/06b015herbst.html.
78. Nikolaus von Kues: De visione dei. A. a. O.

die gleiche eifrige Sorge widmet wie dem größten und dem ganzen Gesamt. Durch solche sinnliche Erscheinungen möchte ich euch (...) mittels einer Art Andachtsübung zur mystischen Theologie empor- führen (...).«[79]

Sein durch Ansehen – eine durch menschliche Erfahrungen durch- aus einholbare Aussage, und wer kennt sie nicht: Respekt lässt den anderen groß werden, im liebevollen Angeschautwerden kann ein Mensch sich entfalten. Gott ist nun in diesem Bild des Cusaners der- jenige, der jedes Geschöpf gleichermaßen liebevoll anschaut. Unser Denker reagiert somit grundsätzlich anders auf das neu aufkom- mende Weltbild und das von ihm schon vorausgedachte kopernika- nische Weltbild: Für ihn ist Gott in jedem Lebewesen ganz anwesend. Er hat allen das Sein gerade so mitgeteilt, wie sie es aufnehmen kön- nen. Nikolaus geht mit dieser Metapher noch einen Schritt weiter; er möchte aufzeigen, dass es nicht beim bloßen Angesehenwerden bleibt und Gott nicht eine Welt schafft, die ihm gegenüber etwas anderes ist, sondern einen Kosmos, darin er sich selbst bildet.

Es elektrisiert mich fast, wenn ich von Gott höre als absolute Ein- heit, die »alles in sich enthält, alles in sich erkennt, alles in sich er- schafft, also sich selbst schafft.«[80] Es gibt keinen Gott, den »es gibt«, wird bekanntlich Dietrich Bonhoeffer lange nach Cusanus sagen; ei- nen Gott, den es neben anderem, der Welt und seiner Schöpfung auch noch gibt, ist nicht Gott, sondern ein Götze. Es gilt, an der geheim- nisvollen und letztlich nicht zu begreifenden Gegenwart Gottes in seiner Schöpfung festzuhalten. Der Gott, von dem auch die Bibel spricht, hat die Welt nicht so »gemacht« wie wir Menschen Dinge anfertigen – Schöpfung ist etwas grundsätzlich und fundamental an- deres. In der Bibel wird das Wort »Schöpfung« ausschließlich für Gott verwandt. Und diesem Geheimnis nähert sich der Cusaner mit immer anderen Bildern; vielleicht ist die metaphorische Sprache insgesamt die angemessenere, wenn wir von Gott und seiner Schöpfung re- den.

»Ego sum, quia tu me respicis« – so beantwortet Nikolaus die Frage nach der Weise des selbsterschaffenden Schauens Gottes: »Soweit Du mit mir bist, soweit bin ich. Und da Dein Sehen Dein Sein ist, bin

---

79. Ebd.
80. Ebd.

ich also, weil Du mich anblickst.« Nichts und niemand ist davon ausgeschlossen: Gottes Sicht ist der Grund alles Sichtbaren. »Deine Schau nämlich verleiht das Sein, weil sie Deine Seinsheit ist. Wenn Dein Sehen Dein Schaffen ist, und Du nichts siehst, daß Dir gegenüber ein Anderes ist, wie schaffst Du Dinge, die Dir gegenüber etwas Anderes sind? Du scheinst Dich selbst zu erschaffen, so wie Du Dich selbst siehst.«[81]

Zwei Grundgedanken der Schöpfungslehre des Cusaners, die das immer wiederkehrende Thema in seinen Schriften darstellt, lassen sich erkennen: (1) Alle Dinge verdanken ihr (So-) Sein dem göttlichen Blick; (2) Gott ver-wirklicht sich in seiner Schöpfung. Schon hier wird deutlich, dass es kaum einen größeren Kontrast geben kann als zwischen dem cartesischen »Ich denke – ich bin« (»Cogito, ergo sum«) und dem cusanischen »Ich bin, weil Gott mich anschaut« (»Ego sum, quia tu me respicis«).

Wenn ich in der Schrift des Cusaners nun auch nach den Tieren suche, werde ich in »De visione Dei« tatsächlich fündig: »Genauso würde auch ein Löwe, wenn er Dir ein Gesicht zuschriebe, es für nichts anderes als ein löwenartiges (...) halten.«[82] Unsere Mitgeschöpfe kommen bei Nikolaus ins Spiel, wenn er mit einer anderen Metapher umgeht, mit der des Spiegels; dieses Bild durchzieht die Schrift über die Gottes-Schau und wird zu einem Gleichnis der Erfahrung Gottes. Es mag überraschen, dass Gott wiederum als Gegenüber der Welt aufgefasst wird, hatten wir doch gesehen, dass Gott sich in der Welt selbst schafft, also in seiner Schöpfung gegenwärtig ist. Wie die Heilige Schrift hält auch unser Cusaner eine unauflösbare Spannung aufrecht: Gott ist zugleich seiner Schöpfung gegenüber wie in ihr zugegen. Doch schauen wir weiter; es kann sein, dass es am Ende keine Spannung mehr ist, sondern eine unseren Erfahrungen angemessene zwiefache Sicht auf Gott und seine Welt.

»Wohl trittst Du, mein Gott, mir entgegen als wärest Du erste formbare Materie, weil Du die Form eines jeden Dich Betrachtenden annimmst; dann bringst Du mich jedoch dahin, zu sehen, daß nicht der

---

81. Nikolaus von Kues: De visione dei. A. a. O.
82. Ebd.

Dich Betrachtende Dir die Form gibt, sondern in Dir sich selber schaut, weil er von Dir das erhalten hat, was er ist. Und so verschenkst Du, was Du vom Betrachter zu erhalten scheinst; so als seist Du ein lebender Spiegel der Ewigkeit, d. h. die Gestalt der Gestalten. Blickt jemand in diesen Spiegel, so sieht er seine Gestalt in der Gestalt der Gestalten, die der Spiegel ist. Und er glaubt, die Gestalt, die er im Spiegel sieht, sei die Darstellung seiner eigenen Gestalt. So nämlich verhält es sich bei einem Spiegel aus poliertem Metall. Doch das Gegenteil davon ist wahr. Was er in jenem Spiegel der Ewigkeit sieht, ist nicht Darstellung, sondern die Wahrheit, deren Darstellung er, der Sehende, selbst ist. Also ist die Darstellung in Dir, mein Gott, die Wahrheit, und das Urbild von allem und allem einzelnen, das ist oder sein kann.«[83]

Erst in Gott sehe ich mich ganz; Gott spiegelt sich in mir – diese Paradoxie bringt Nikolaus hier ins Bild, und das, wie wir gleich sehen werden, ohne die Welt und alles Geschaffene aus dem Blick zu verlieren. Hatten wir nicht gesehen, dass die biblische Metapher von der Ebenbildlichkeit des Menschen genau das zum Ausdruck bringt? Der Mensch ist dann Ebenbild seines Schöpfers, wenn er Verantwortung für seine Mitgeschöpfe übernimmt – eben dann spiegelt sich Gott im Menschen wieder und durch ihn in der Schöpfung als Ganzer.

Doch das Gott-Sein des Menschen ist beschränkt; auch das sagt das Bild des Spiegels; denn der Mensch als Geschöpf kann nicht anders als nur menschlich urteilen; wenn er Gott ein Gesicht zuspricht, kann er dieses nicht »außerhalb der menschlichen Eigengestalt« finden, da »sein Urteil innerhalb der menschlichen Natur verschränkt ist.«[84] Das Gebundensein an diese Verschränkung ist unüberwindlich – und allen Lebewesen zu eigen: »Genauso würde auch ein Löwe, wenn er Dir ein Gesicht zuschriebe, es für nichts anders als ein löwenartiges, ein Rind für das eines Rindes und ein Adler für das eines Adlers halten.«[85] Durch den gestaltenden Ideen-Blick Gottes sind wir, was wir sind – und dies im Konzert mit allem, was ist und lebt. So spiegelt sich eins im anderen: Die Welt in Gott und Gott in der Welt.

---

83. Ebd.
84. Ebd.
85. Ebd.

Martin Buber soll am Ende dieses Kapitels noch das große Wort erhellen, was dem schaffenden Blick Gottes einerseits und dem von Mensch und Tier andererseits zukommt und in das Offene führt: die Liebe. Unser jüdischer Religionsphilosoph meditiert dies große und so verbrauchte Wort »Liebe« von Jesus her:

»Das Gefühl Jesu zum Besessenen ist ein andres als das Gefühl zum Lieblingsjünger; aber die Liebe ist eine. Gefühle werden ›gehabt‹; die Liebe geschieht. Gefühle wohnen im Menschen; aber der Mensch wohnt in seiner Liebe. Das ist keine Metapher, sondern die Wirklichkeit: die Liebe haftet dem Ich nicht an, so daß sie das Du nur zum ›Inhalt‹, zum Gegenstand hätte, sie ist zwischen Ich und Du.(...) Liebe ist ein welthaftes Wirken. Wer in ihr steht, in ihr schaut, dem lösen sich Menschen aus ihrer Verflochtenheit ins Getriebe; Gute und Böse, Kluge und Törichte, Schöne und Häßliche, einer um den andern wird ihm wirklich und zum Du, das ist, losgemacht, herausgetreten, einzig und gegenüber wesend. (...) Liebe ist Verantwortung eines Ich für ein Du: hierin besteht, die in keinerlei Gefühl bestehen kann, die Gleichheit aller Liebenden.«[86]

---

86. Martin Buber, a.a.O., S. 18.

6. Die Spiegelung des Freien

Der Schöpfung immer zugewendet, sehn
wir nur auf ihr die Spiegelung des Frein,
von uns verdunkelt. Oder daß ein Tier,
ein stummes, aufschaut, ruhig durch uns durch.
Dieses heißt Schicksal: gegenüber sein
und nichts als das und immer gegenüber.

(aus: Rilke, 8. Elegie)

»Das Freie« sehen wir als Erwachsene, so Rilke, nie, befangen sind
wir. In der Schöpfung erblicken wir immer nur dessen »Spiegelung«,
den geheimnisvollen Abglanz auf den Dingen. Die Paradiesmetapher
leuchtet hier auf, später noch deutlicher; dieses Urbild sehe ich wie
eine Folie, vor der Mensch, Tier und Schöpfung sich bewegen. Hin
und wieder aber sieht er, wie ein Tier »stumm« – also nicht reflektie-
rend oder einordnend – die Augen hebt und ihn anzublicken scheint,
in Wahrheit aber doch »durch ihn durch schaut«. Die eigene Verkehrtheit kann dann deutlich werden und die Bewegung der Kreatur
wird mich entsprechend berühren. Umgewendet zu sein gegen die
groß angelegte Wesensrichtung des Lebens; dass ich immer nur Be-
obachtender bin, der lediglich vor den Gestalten steht und sie womöglich untersucht; Begehrender, der die Pflanze, das Tier, das Ding
seiner Schönheit wegen (sehen, riechen …) will und danach greift.
Das ist die Eingeschlossenheit des eigenen Daseins und mein »Schicksal«.
»Nur Es kann geordnet werden. Erst indem die Dinge aus unsrem
Du zu unsrem Es werden, werden sie koordinierbar. Das Du kennt
kein Koordinatensystem (…). Geordnete Welt ist nicht die Weltord-
nung«[87], so schreibt Martin Buber, der immer wieder von Begegnungen mit Tieren erzählt, in denen die »Duwelt« für einen Moment die
alles und alle umgebende »Eswelt« überstrahlt. So beschreibt er, wie
er sich immer wieder dem Blick einer Hauskatze stellt. Denn: »Das
domestizierte Tier hat nicht etwa von uns, wie wir uns zuweilen ein-

---

87. Ebd., S. 34.

bilden, die Gabe des wahrhaft ›sprechenden‹ Blicks empfangen, sondern nur – um den Preis der elementaren Unbefangenheit – die Befähigung, ihn uns Untieren zuzuwenden.«»Die Augen des Tiers haben das Vermögen einer großen Sprache. Selbständig, ohne einer Mitwirkung von Lauten und Gebärden zu bedürfen, am wortmächtigsten, wenn sie ganz in ihrem Blick ruhen, sprechen sie das Geheimnis in seiner naturhaften Einriegelung, das ist in der Bangigkeit des Werdens aus. Diesen Stand des Geheimnisses kennt nur das Tier, nur es kann ihn uns eröffnen.«[88]

Mit der gleichen Selbstverständlichkeit, in der sich die Tiere in der Bibel tummeln, haben sie in der Religionsphilosophie Martin Bubers ihren Platz. Der Religionsphilosoph sieht die Tiere nicht nur in ihrer selbstverständlichen Beziehung zu ihrem Schöpfer, sondern auch in ihrer Relevanz für den Menschen: Sie sprechen uns an, allerdings in einer anderen Sprache, die wir als »Stammeln der Natur unter dem ersten Griff des Geistes« hören können. Diese besondere Sprache kann den Menschen erreichen, was – wie in der eingangs beschriebenen Begegnung mit der Hauskatze – als das »kosmische Wagnis« definiert wird. »Aber kein Reden wird je wiederholen, was das Stammeln mitzuteilen weiß.«[89] Das Tier stellt Fragen, seine Augen stellen den in den Blick Genommenen existenziell infrage: Diese Katze begann ihren Blick unbestreitbar damit, mich »mit dem unter dem Anhauch meines Blicks aufglimmenden« zu fragen: »Kann das sein, daß du mich meinst? Willst du wirklich nicht bloß, daß ich dir Späße vormache? Gehe ich dich an? Bin ich dir da? Bin ich da? Was ist das da von dir her? Was ist das da um mich her? Was ist das an mir? Was ist das?!«[90]

Diese Begegnung gehört zu jenen, die den Menschen mit der Härte eines Unbedingtheitsanspruches erschüttern; es ist eine ihn im Innersten treffende und betroffen machende Wirklichkeit, die als solche erst einmal so ist, wie sie ist, und die nicht danach fragt, ob diese dem Menschen angenehm oder unangenehm ist.

---

88. Ebd., S. 98.
89. Ebd.
90. Ebd.

Es war nicht das erste Mal, dass ich mit meinen Freunden das Augst-matthorn im Berner Oberland erwanderte; auch nicht das erste Mal, dass sich uns Steinböcke zeigten. Aber es war noch nie so bewegend wie in jenem Sommer Ende der 90er-Jahre: Eine Gruppe von etwa zehn jungen Böcken ruhte auf einem Hochplateau, und sie ließen uns immer näher an sich heran. Es war kaum zu glauben: Sie waren nicht zu beirren, ruhten weiter, grasten und schauten, während ich mich bis auf wenige Meter näherte, am Ende robbend. Und so lag ich in Augenhöhe mit einem Jungtier in nur drei Metern Entfernung, und wir blickten uns an. Atemberaubend war das für mich; denn es war wirklich eine Begegnung von Du zu Du. Das Tier wusste offenbar genau, wohin es zu schauen hatte, wollte es mit mir in Kontakt kom-men, nämlich in meine Augen; gleichzeitig schaute mich durch diese braun-schwarzen Pupillen ein Geschöpf an, das in einer ganz anderen Wirklichkeit lebte als ich. Allein diese Winter auf 2000 Metern Höhe, die es überlebt hatte! Und: es schaute doch auch durch mich durch ... Damals hatte ich das Wort von der Gott-Unmittelbarkeit der Tiere noch nicht im Sinn. Auch war mir das Bild, in dem der Ort der Tiere diesseits von Eden ist, nicht vertraut. Wenn ich heute mit diesen Metaphern umgehe, denke ich oft an den jungen Steinbock im Berner Oberland.

»Doch das Paradies ist verriegelt und der Cherub hinter uns; wir müssen die Reise um die Welt machen, und sehen, ob es vielleicht von hinten irgendwo wieder offen ist«, schreibt Kleist.[91] Nikolaus von Kues schreibt in »De visione dei«: »Ich habe den Ort gefunden, an dem man Dich unverhüllt zu finden vermag. Er ist umgeben von dem Zusammenfall der Gegensätze. Dieser ist die Mauer des Paradieses, in dem Du wohnst.«[92] Die Neuzeit pflegt »Paradies« und ersten Na-turzustand gleichzusetzen. Im Leben des einzelnen Menschen wäre es dann die Kindheit oder sogar noch früher das Sein im Mutterleib; im Leben der Menschheit jene vor Beginn einer rationalen Kultur. Beide Male also der Zustand des Anfangs, an dem das Dasein noch schuldlos ist, der aber aufhört, sobald der Mensch zu denken und zu wollen beginnt. Der Sinn der Offenbarung, der auch beim Cusaner

91. Heinrich von Kleist: Über das Marionettentheater. Zitiert in: Eugen Biser: Nikolaus von Kues als Denker der unendlichen Einheit. Tübingen 1966, S. 318 f.
92. Nikolaus von Kues: De visione dei. A. a. O.

maßgeblich ist, ist damit allerdings verfehlt. Das Paradies ist etwas, das aus der unmittelbaren Gemeinschaft mit Gott kommt. Nicht als irgendetwas »um Gott herum«, sondern als Bild einer gnadenhaften Verbundenheit mit dem Schöpfer allen Lebens. Darin ist auch der Mensch rein und heil. Das Bild der Mauer in der Symbolsprache des Cusaners können wir nun so aufschlüsseln: Diese umgibt das Paradies, und für Gott gilt, dass er im Paradies jenseits der Mauer, und zwar ganz weit jenseits, wohnt. Der Zweck der Mauer liegt darin, dass sie alles, was gesagt oder gedacht werden kann, von Gott abtrennt. Somit muss sich an der Mauer jede Einsicht, wenn sie Gott sehen will, »im Finstern ansiedeln«; denn kein Erfindergeist kann die Mauer mit eigener Kraft ersteigen.

»Sein Tor bewacht höchster Verstandesgeist. Überwindet man ihn nicht, so öffnet sich nicht der Eingang. Jenseits des Zusammenfalls der Gegensätze vermag man Dich zu sehen; diesseits aber nicht. Wenn also in Deinem Blick, o Herr, die Unmöglichkeit die Notwendigkeit ist, dann gibt es nichts, das Dein Blick nicht sähe.«[93]

Diese Stelle nimmt also nicht nur Kleist vorweg, sie ist zugleich zutiefst der mystischen Tradition verpflichtet: Mit unverhohlener, fast modern anmutender Entdeckerfreude kommt Cusanus hier auf sein intellektuelles Urerlebnis zu sprechen. Im Prinzip der »docta ignorantia«, also der einsichtig gewordenen Unwissenheit, ist seiner Überzeugung nach der Schlüssel zum Inbegriff des wahrhaft Wirklichen und wirklich Wahren gefunden, nämlich der Eintritt in das Spekulative. Nikolaus' großes Anliegen ist es, »auf unbegriffliche Weise an das Unbegreifliche« zu rühren und »die Welt des Mehr und Minder mitsamt der ganzen darauf bezogenen Begriffenheit hinter sich« zu bringen. Das vom Bewusstsein geleitete Denken erlangt seinen Objekten gegenüber eine neue Freiheit, die an der göttlichen Indifferenz selbst bemessen ist. Anstatt auf den mühsamen und zugleich vergeblichen Weg der Abstraktion findet es den Zugang zu den Dingen im freien Spiel mit sich selbst, sofern es nur bis an seine äußerste Grenze geht. Noch einmal Rilke:

---

93. Ebd.

Ich liebe dich, du sanftestes Gesetz

Ich liebe dich, du sanftestes Gesetz,
an dem wir reiften, da wir mit ihm rangen;
du großes Heimweh, das wir nicht bezwangen,
du Wald, aus dem wir nie hinausgegangen,
du Lied, das wir mit jedem Schweigen sangen,
du dunkles Netz,

darin sich flüchtend die Gefühle fangen.

Du hast dich so unendlich groß begonnen
an jenem Tage, da du uns begannst, –
und wir sind so gereift in deinen Sonnen,
so breit geworden und so tief gepflanzt,
daß du in Menschen, Engeln und Madonnen
dich ruhend jetzt vollenden kannst.

Laß deine Hand am Hang der Himmel ruhn
und dulde stumm, was wir dir dunkel tun.

(aus: Rilke, »Das Buch vom mönchischen Leben« in: »Das Stundenbuch«[94])

Dieses Gedicht lese ich wie ein Credo: Ich glaube an Gott als »sanftestes Gesetz«, an dem ich reifen kann, an dem ich werden darf und muss. Ein Gesetz liegt allem Lebendigen zu Grunde, allerdings keines, das sich in physikalische oder mathematische Formeln reduzieren lässt und irgendwann entschlüsselt ist. Im Modus des Denkens werde ich den »Liebhaber des Lebens« nicht erreichen. Die ihm gegenüber angemessenste Haltung ist die der Liebe. Und trauen möchte ich allen Erfahrungen, auch den schmerzhaften, die mich die Liebe lehren, mich in die Weite des eigenen Herzens und die Tiefe des Lebens führen. Und dass dieser Gott Mensch wird, geworden ist und immer wieder wird – auch in mir; ich deshalb reifen soll und mich tief pflanzen, möchte ich glauben. Dass dieser Gott uns lässt und duldet, was wir ihm und seiner Schöpfung dunkel tun, berührt mich sehr angesichts unserer so stark gefährdeten Welt.

---

94. http://rainer-maria-rilke.de/05a025sanftestesgesetz.html.

7. Die Vollkommenheit der Geschöpfe

Wäre Bewußtheit unsrer Art in dem
sicheren Tier, das uns entgegenzieht
in anderer Richtung –, riß es uns herum
mit seinem Wandel. Doch sein Sein ist ihm
unendlich, ungefaßt und ohne Blick
auf seinen Zustand, rein, so wie sein Ausblick.
Und wo wir Zukunft sehn, dort sieht es Alles
und sich in Allem und geheilt für immer.

(aus: Rilke, 8. Elegie)

In Martin Bubers Pädagogik ist dies ein immer wieder vorkommendes Thema; es ist den Kindern und Tieren zu eigen, »das schicksalhafte Eswerden alles geeinzelten Du« immer wieder zu unterbrechen. Mit dem »Erschlaffen« der Beziehungskraft nämlich wird jedes »Du« zu einem »Es«, das nun in die Gegenstandswelt eingeordnet wird und so das Leben »erleichtert«. Der Weg einer »natürlichen Theologie«, der bis in die Renaissance hinein selbstverständlich begehbar war und beschritten wurde, leuchtet hier wieder auf. Dies ist ein Weg, sich von der Natur und ihrer unergründlichen Geheimnishaftigkeit auf dem Weg der Gott- und Sinnsuche leiten zu lassen. Der gegenteilige »rückbiegende« Weg verdankt sich einer anderen Methode: Es gilt, von einem Begriff von Gott her die Welt zu deuten; diese ist dann letztlich so, wie sie sich der Mensch ausdenkt und der Schöpfer wird zu einem Gegenstand unter anderen, dessen Einzigartigkeit nur noch formelhaft proklamiert wird.

Nikolaus von Kues prägt ein zunächst mysteriöses Wort, wenn er sagt, dass: »... alle Löwen leonisieren ...« Meyer-Abich übersetzt so das cusanische Wort »omnes leones leonizare«, und mit diesem zugegebenermaßen etwas kryptischen Satz finden wir uns mitten in einem weiteren – und eben auch »tierischen« – Themenkomplex: Für Nikolaus war nämlich der Vervollkommnungsgedanke der jeweiligen Natur so wichtig, dass er ihn gleich an den Anfang seines philosophischen Hauptwerkes setzt: »Wir werden gewahr, daß durch göttliches Geschenk allen Dingen ein natürliches Verlangen inne-

wohnt, auf die bestmögliche Weise, zu der eines jeden Natur die Vor-
aussetzungen in sich birgt, zu sein; sie besitzen geeignete Mittel, um
auf dieses Ziel hinzuarbeiten.«[95]
Die Natur eines Lebewesens ist demnach die bestmögliche Weise,
in der es wirklich sein kann. Jedes Geschöpf ist als solches – in den
Grenzen seiner Natur – vollkommen und »trachtet nicht danach,
ein anderes Geschöpf zu sein, als ob es dadurch vollkommener wäre.
Es liebt vielmehr in vorzüglicher Weise das, was es vom Größten
erhalten hat als göttliches Geschenk und wünscht, dies auf unver-
gängliche Weise zu vollenden und zu bewahren.«[96] Und auch für den
Menschen gilt: »Denn der Mensch strebt nicht nach einer anderen
Natur, sondern nur danach, in der seinen vollkommen zu sein.«
Und – so als wüsste der Cusaner um die »Interplanetarier-Diskus-
sion«: »Wie immer also jene Bewohner anderer Sterne sein mögen,
sie stehen mit den Bewohnern dieser Welt in keinem Verhältnis«[97]
(!). Von hierher nun wird endlich deutlich, was Nikolaus mit »leoni-
sierenden Löwen« ausdrücken will: Er geht in seiner Betonung der
wesentlichen Bewegtheit allen Seins so weit, dass alle Substantive
und sogar Namen in Verben zu verwandeln sind. So schreibt er an
einen befreundeten Kardinal: »Das aber, was in dir Julianus, das ›Ju-
lianus-Sein‹ ist (est iulianizare), ist in allen Menschen das Mensch-
Sein (hominizare), in den Tieren das Tier-Sein (animalizare).«[98] Und
an anderer Stelle:
»Wenn wir sagen, daß es geistige und verständige Bewegung gibt,
so als ob der Geist-Hauch die aus dem Munde Gottes ausgehauchte
Kraft sei, durch die jene selbig-machende Bewegung, welche die Got-
teskraft ist und so die Teilhabenden zum Selben bewegt und leitet,
unaufhörlich gespendet wird. Wenn wir sehen, daß alle Löwen, die
waren und jetzt sind, löwenhaft sind (leonizare videmus), dann er-
fassen wir die Sphäre oder Region oder den Himmel, der diese eigen-
gestaltige Kraft ständig umfaßt und sie anderen gegenüber eigenge-
staltig macht und unterscheidet.«[99]

---

95. Nikolaus von Kues: Dialogus de genesi. A. a. O.
96. Ebd.
97. Ebd.
98. Nikolaus von Kues: De coniecturis. A. a. O.
99. Ebd.

Nikolaus vertieft mit diesem Bild seinen schon bekannten schöpfungstheologischen Kerngedanken, worin sich Gott in seinen Geschöpfen entfaltet. Der Unterschied zu einem mechanistischen Gottesbild, in dem Gott zur höchsten Vernunft stilisiert wird und der Mensch folglich – aufgrund seines Vernunftbesitzes – »ebenbildlich« zu werden vermag, kann nicht größer sein. Die cusanische Theologie steht eher in der Nähe der johanneischen Mystik, in der Gott »die Liebe« ist (vgl. 1 Joh 4,8). Durch die allem Lebendigen innewohnende Liebe Gottes ist jedes Geschöpf das, was es ist. Ein in die Wolken projiziertes göttliches Wesen, das sich in fast unüberwindlicher Distanz zur Welt verhält und sich nur durch menschliche Vernunft bewegen und verstehen lässt, ist von diesem Ansatz her nicht denkbar.

8. Tierische Schwermut und Erinnerung

Und doch ist in dem wachsam warmen Tier
Gewicht und Sorge einer großen Schwermut.
Denn ihm auch haftet immer an, was uns
oft überwältigt, – die Erinnerung,
als sei schon einmal das, wonach man drängt,
näher gewesen, treuer und sein Anschluß
unendlich zärtlich. Hier ist alles Abstand,
und dort wars Atem. Nach der ersten Heimat
ist ihm die zweite zwitterig und windig.
    O Seligkeit der *kleinen* Kreatur,
die immer *bleibt* im Schooße, der sie austrug;
o Glück der Mücke, die noch *innen* hüpft,
selbst wenn sie Hochzeit hat: denn Schoß ist Alles.
Und sieh die halbe Sicherheit des Vogels,
der beinah beides weiß aus seinem Ursprung,
als wär er eine Seele der Etrusker,
aus einem Toten, den ein Raum empfing,
doch mit der ruhenden Figur als Deckel.
Und wie bestürzt ist eins, das fliegen muß
und stammt aus einem Schoß. Wie vor sich selbst
erschreckt, durchzuckts die Luft, wie wenn ein Sprung
durch eine Tasse geht. So reißt die Spur
der Fledermaus durchs Porzellan des Abends.

(aus: Rilke, 8. Elegie)

Nun kommen neben Vögeln auch Mücken und Fledermäuse ins Spiel. Dies erscheint mir zunächst befremdlich. Hilfreich zum Verständnis ist ein Brief Rilkes vom 20. 2. 1918 an Lou Andreas-Salomé:

»... dass eine Menge Wesen, die aus draußen ausgesetztem Samen hervorgehen, das zum Mutterleib haben, dieses weite, erregbare Freie, – wie müssen sie ihr ganzes Leben lang sich drin heimisch fühlen, sie tun ja nichts als vor Freude hüpfen im Schoß ihrer Mutter wie der kleine Johannes; denn dieser selbe Raum hat sie ja empfangen und ausgetragen, sie kommen gar nie aus seiner Sicherheit hinaus.

Bis beim Vogel alles ein wenig ängstlicher wird und vorsichtiger. Sein Nest ist schon ein kleiner, ihm von der Natur geborgter Mutterschoß, den er nur zudeckt, statt ihn ganz zu erhalten. Und auf einmal, als wäre es draußen nicht mehr sicher genug, flüchtet sich die wunderbare Reifung ganz hinein ins Dunkel des Geschöpfs und tritt erst an einer späteren Wendung zur Welt hervor, sie als eine zweite nehmend und den Begebenheiten der früheren, innigeren nie mehr ganz zu entwöhnen.«[100]

Und in einem früheren Brief schreibt er an die Gleiche:

»Schön hab ichs aufgefasst, wie mirs noch nie sich darstellte: dieses Immerweiter- hinein-Verlegtsein des entstehenden Geschöpfes aus der Welt in die Innenwelt. Daher die reizende Lage des Vogels auf diesem Wege nach innen; sein Nest ist ja fast ein von Natur ihm bewilligter äußerer Mutterleib, den er nur ausstattet und zudeckt, statt ihn ganz zu enthalten. So ist er dasjenige von den Tieren, das zur Außenwelt eine ganz besondere Gefühlsvertraulichkeit hat, als wüsste er sich mit ihr im innigsten Geheimnis. Darum singt er in ihr, als sänge er in seinem Innern, darum fassen wir einen Vogellaut so leicht ins Innere auf, es scheint uns, als übersetzten wir ihn, ohne Rest, in unser Gefühl, ja, er kann uns für einen Augenblick die ganze Welt zum Innenraum machen, weil wir fühlen, dass der Vogel nicht unterscheidet zwischen seinem Herzen und dem ihren. – Einerseits wird nun dem Tierischen und Menschlichen viel zugewonnen durch die Hineinverlegung des ausreifenden Lebens in einen Mutterleib: denn er wird um so viel mehr Welt, als draußen die Weltbeteiligung an diesen Vorgängen einbüsst (als wäre sie unsicherer geworden, hat man ihrs fortgenommen -), andererseits (...) die Frage: Woher stammt die Innigkeit der Kreatur (der übrigen)? Aus diesem Nicht-im-Leibe-Herangereiftsein, das es mit sich bringt, dass es eigentlich den schützenden Leib nie verlässt. (Lebenslang ein Schoßverhältnis hat.)«[101]

Tanzende Mücken kommen mir in den Sinn. Dieses Bewegungsbild und die Regungen des ungeborenen Wesens im mütterlichen Schoß gehen ineinander. Die »kleine Kreatur« ist immer im Schoßbereich, auch wenn sie »Hochzeit hat« und selbst schon wieder neues Leben

---

100. Rainer Maria Rilke: Briefe 1914–1918. In: Romano Guardini. A.a.O., S. 282.
101. Ebd.

hervorbringt. Der Raum, der die Tiere umgibt, ist Symbol für jeden mütterlichen Schoß. Dann der Vogel: der Charakter des »Zwittrigen« und »Windigen« kommt bei ihm deutlicher durch. Er hat nur die »halbe Sicherheit«, sein Flug erweckt das Gefühl flinker Leichtigkeit, zugleich auch das des Ausgesetzt-Seins; ich denke an das Wort »vogelfrei«.

Der Religionsphilosoph und Theologe Romano Guardini entschlüsselt das kommende Bild, das der Begräbnisfeier der Etrusker entnommen ist. Diese legten den Toten bzw. die Asche in einen Sarkophag, bildeten ihn zugleich auf der Deckplatte liegend ab. So befand er oder sie sich zugleich drinnen und draußen. Darum muss die freigewordene Seele das Gefühl haben, aus der Geborgenheit der geschlossenen Grabruhe, aber auch aus der Preisgegebenheit der offen daliegenden Figur gekommen zu sein. Ähnlich geht es dem Vogel, der sich zum einen dem Innern des Muttertieres und dem freiliegenden Ei zum anderen verbunden fühlt. Er weiß »um Hut und Gefährdung in einem und hat daher den Widerspruch im Seinsgefühl.«[102]

Und nun zur Fledermaus: als Säugetier kommt sie aus einem wirklichen Mutterleib zur Welt. »Bestürzt« ist dieses Tier, das »fliegen muss und stammt aus einem Schoß«. Für das Flattertier hat das »Draußen-Sein« nicht einmal die Sicherheit des Bodens, sondern nur die – für uns Menschen – Unverlässlichkeit der Luft. Für Rilke Inbegriff eines Wesens, das »bestürzt, vor sich selbst erschreckt« ist. Tatsächlich erscheint der Flug einer Kleinen Hufeisennase in der Abenddämmerung wie die Bewegung eines Tieres, das sich nicht zurechtfindet. Sie »durchzuckt« die Luft und schwirrt in hastigen, hin- und herfahrenden Stößen. Dann geht das Bild wieder in ein anderes über. Ihr Flug ist so, »wie wenn ein Sprung durch eine Tasse geht«: auf einmal heftig, in scharfen Zacken, sodass eine zarte Schale zerspringt. Die »Tasse« ist der Abend in einem Augenblick, da alle Dinge durchsichtig zu werden scheinen. Durch sein lichtes »Porzellan« »reißt die Spur der Fledermaus« den gezackten Sprung. Von »Gewicht und Sorge einer großen Schwermut« in »dem wachsam warmen Tier« war die Rede. Rilke buchstabiert diese Eigenart bis hin zu den oben genannten drei Flugfähigen. Er spricht von der »Schwermut«, die also nicht nur der Mensch kennt; sie zeigt sich als »gehetztes Herumfahren in der Ortlosgkeit des äußeren

102. Romano Guardini: a. a. O., S. 285.

Daseins«[103] (Guardini). Auch das Tier hat seine »erste Heimat« nicht mehr ganz; sein Leben ist wie das unsere oftmals »zittrig und windig«. Und doch ist es uns voraus, wie der letzte Absatz der Elegie deutlich macht.

---

103. Ebd.

IV. Vordenker einer Wertschätzung für die Natur und die Tiere«

9. Zuschauer sein

Und wir: Zuschauer, immer, überall,
dem allen zugewandt und nie hinaus!
Uns überfüllts. Wir ordnen. Es zerfällt.
Wir ordnens wieder und zerfallen selbst.

Wer hat uns also umgedreht, daß wir,
was wir auch tun, in jener Haltung sind
von einem, welcher fortgeht? Wie er auf
dem letzten Hügel, der ihm ganz sein Tal
noch einmal zeigt, sich wendet, anhält, weilt –,
so leben wir und nehmen immer Abschied.

(aus: Rilke, 8. Elegie)

»Mit uns steht es nicht nur viel, sondern wesentlich schlimmer«[104] fasst Guardini zusammen. Selbst die Bewegung der Fledermaus ist trotz aller Unsicherheit immer noch auf das Offene hin ausgerichtet, die »erste Heimat« ist noch ganz wesensbestimmend. Wir bleiben immer »Zuschauer«; wann können wir uns wirklich ganz »einlassen« auf das DU, uns selbst darin völlig vergessen? In der Elegie markiert der Begriff des Zuschauens die ganze Not und Begrenztheit des menschlichen Seins, Zuschauer-Sein meint »Verkehrtheit«, ist unentrinnbares Schicksal, welches bedeutet: »gegenüber sein/ und nichts als das und immer gegenüber«. Es ist die Verfestigung im »Abstand«; die Selbstabschließung gegenüber dem Grenzenlosen, dem »Offenen«. Der Mensch als das »umgedrehte« Wesen!

---

104. Ebd., S. 286.

V. Schluss: Von der Madonna zu Eva

Sie stand am Anfang unseres Nachdenkens: die Sixtinische Madonna in der Deutung von Wassili Grossman. Für ihn kommt in diesem Urbild der Mutter nicht nur das menschliche zum Ausdruck, sondern etwas, was in allen Bereichen des irdischen Lebens existiert, »in der Welt der Tiere, überall, wo man in die braunen Augen einer säugenden Stute, einer Kuh, einer Hündin das göttliche Bild der Madonna erahnen und erkennen kann«.

Am Ende erscheint nun Eva, die »Chawwa«, Mutter aller, die leben, und dies in der Deutung Rainer Maria Rilkes. Sie hätte gerne »noch ein wenig weilen mögen, achtend auf der Tiere Eintracht und Verstand« – heißt es gleich. Gemeint ist der Garten Eden, den die Tiere nicht verlassen mussten. Sie sind aber immer noch an unserer Seite, erinnern uns an unsere Herkunft und fragen nach unserer und ihrer Zukunft. Immer deutlicher wird mir, dass es menschlich ist, die Welt wie sie aufzufassen und sie mir zugleich als Mensch bewusst zu machen. Nur dadurch kann ich meine verschiedenen Erkenntniswege integrieren und vollständig meine Möglichkeiten verwirklichen. Mein abstraktes Denken füllt nur eine winzige Bandbreite der mir zur Verfügung stehenden Wahrnehmungskanäle.

Ich vertraue der Kraft meiner Wahrnehmung mehr und mehr, hat sich dieses Instrumentarium doch während Jahrmillionen in der Natur herangebildet, sodass es feinste Unterschiede und Schwankungen empfinden, also als sinnlich-emotionale Erkenntnisse erleben kann. Morgens um fünf, im Mai, dem Konzert der frühlingstrunkenen Brutvögeln zu lauschen, die einzelnen Arten zu identifizieren und gleichzeitig eine Störung durch ein Raubtier zu registrieren und dessen Gegenwart an winzigen Spuren zu erkennen. Dann noch den Sonnenstand, die Orientierung nach den Himmelsrichtungen zu berücksichtigen, all das gehört zu den natürlichen – tierlichen –, ja spielerisch leichten Fähigkeiten unserer Sinne, unserer menschlichen Natur. Wenn wir diese Wahrnehmung dazu nutzen, uns zwischen

Geburt und Tod, Partnerschaft und Vereinzelung aller anderen Lebewesen zu orientieren, schreiben wir uns auf unmittelbare Weise und je unterschiedlich der Existenz ein. Wir erleben unser Dasein im Sinn.

Die Fähigkeiten einer solchen Wahrnehmung lernen wir Gott sei Dank als Kind von selbst, wenn wir mit der Natur aufwachsen. So wie ein Säugling zu atmen lernt, einfach nur, indem er in einer Welt von Sauerstoff aufwächst und seinen Leib darauf reagieren lässt, so warten in unserem Körper und Hirn Millionen von neurologischen Verbindungen darauf, aktiv zu werden. Diese verschwinden allerdings, wenn wir sie nicht nutzen. Darum geht es: um die Öffnung der Sinne, die in der Lage sind, noch die leisesten Regungen des Lebens aufzufangen, sie mit restloser Aufmerksamkeit anzufüllen. Nicht sich leer zu machen von der Welt und mit allem zu verschwimmen ist das Ziel, sondern sich ganz mit der Wirklichkeit anzufüllen, sich in seiner Leiblichkeit immer wieder der Welt einzuschreiben – ein Denken mit allen Sinnen. Zur Ahnung dessen, was Gott-Unmittelbarkeit sein kann, wird mich dies immer mehr führen und in die respektvolle, manchmal sehnsuchtsvolle Haltung des Mitgeschöpfes.

Eva

Einfach steht sie an der Kathedrale
großem Aufstieg, nah der Fensterrose,
mit dem Apfel in der Apfelpose,
schuldlos-schuldig ein für alle Male

an dem Wachsenden, das sie gebar,
seit sie aus dem Kreis der Ewigkeiten
liebend fortging, um sich durchzustreiten
durch die Erde wie ein junges Jahr.

Ach, sie hätte gern in jenem Land
noch ein wenig weilen mögen, achtend
auf der Tiere Eintracht und Verstand.

Doch da sie den Mann entschlossen fand,
ging sie mit ihm, nach dem Tode trachtend;
und sie hatte Gott noch kaum gekannt.

(aus: Rilke, »Der neuen Gedichte anderer Teil«[105])

---

105. http://rainer-maria-rilke.de/090032eva.html.

»Wir müssen handeln, und zwar jetzt!«

Authentisch – ehrlich – tatkräftig: Hannes Jaenicke im Einsatz für unsere Erde. Nach dem Riesenerfolg der ZDF-Sendungen »Im Einsatz für ...« deckt der beliebte Schauspieler in diesem Buch auf, was unserer Umwelt tagtäglich angetan wird: das Aussterben von unzähligen Tierarten, die Zerstörung des Klimas und damit das Ende der Erde, wie wir sie kennen. Und er zeigt auch, was wir dagegen tun können.